U0527733

文旅创新教学案例丛书

文化和旅游领域科技创新应用
教学案例

中央文化和旅游管理干部学院 主编

国家行政学院出版社
NATIONAL ACADEMY OF GOVERNANCE PRESS

图书在版编目（CIP）数据

文化和旅游领域科技创新应用教学案例/中央文化和旅游管理干部学院主编.-- 北京：国家行政学院出版社，2024.12（2025.3重印）.— ISBN 978-7-5150-2971-9

Ⅰ.G124-4；F592.3-4

中国国家版本馆 CIP 数据核字第 2024M58Q15 号

书　　名	文化和旅游领域科技创新应用教学案例	
	WENHUA HE LÜYOU LINGYU KEJI CHUANGXIN YINGYONG JIAOXUE ANLI	
作　　者	中央文化和旅游管理干部学院　主编	
责任编辑	王　莹　马文涛　马　跃	
责任校对	许海利	
责任印制	吴　霞	
出版发行	国家行政学院出版社	
	（北京市海淀区长春桥路6号　100089）	
综 合 办	（010）68928887	
发 行 部	（010）68928866	
经　　销	新华书店	
印　　刷	中煤（北京）印务有限公司	
版　　次	2024年12月北京第1版	
印　　次	2025年3月北京第2次印刷	
开　　本	170毫米×240毫米　16开	
印　　张	11.5	
字　　数	176千字	
定　　价	60.00元	

本书如有印装问题，可联系调换，联系电话：（010）68929022

编委会

主编单位

中央文化和旅游管理干部学院

成员单位（排名不分先后）

北京天图万境科技有限公司

北京黑弓文化传播有限公司

中国移动通信集团贵州有限公司

中移动信息技术有限公司

北京抖音信息服务有限公司

上海豫园旅游商城（集团）股份有限公司

北京百度网讯科技有限公司

中国电信股份有限公司

上海红土视觉科技有限公司

腾讯云计算（北京）有限责任公司

上海风语筑文化科技股份有限公司

南京牛首山文化创意发展有限公司

山东金东数字创意股份有限公司

北京画院

中国对外艺术展览有限公司

微梦创科网络科技（中国）有限公司（新浪微博）

北京大学文化传承与创新研究院（抚州）

深圳灵智时空数字有限公司

元境生生（北京）科技有限公司

前言 | Preface

2020年9月，习近平总书记在湖南长沙考察时指出，"文化和科技融合，既催生了新的文化业态、延伸了文化产业链，又集聚了大量创新人才，是朝阳产业，大有前途"。2022年10月，在党的二十大报告中，习近平总书记指出，"必须坚持科技是第一生产力、人才是第一资源、创新是第一动力，深入实施科教兴国战略、人才强国战略、创新驱动发展战略，开辟发展新领域新赛道，不断塑造发展新动能新优势"。2023年9月，习近平总书记在黑龙江考察时首次提出"新质生产力"概念，并于2024年1月在中共中央政治局第十一次集体学习时强调，"科技创新能够催生新产业、新模式、新动能，是发展新质生产力的核心要素。必须加强科技创新特别是原创性、颠覆性科技创新，加快实现高水平科技自立自强，打好关键核心技术攻坚战，使原创性、颠覆性科技创新成果竞相涌现，培育发展新质生产力的新动能"。2024年12月，中央经济工作会议要求"必须统筹好培育新动能和更新旧动能的关系，因地制宜发展新质生产力"，把"以科技创新引领新质生产力发展，建设现代化产业体系"确定为2025年重点任务之一。

为推动文化和科技深度融合，近年来，文化和旅游行业不断加强科技创新应用，在全国文化和旅游领域进行了诸多有益探索，将科技创新融入了生产、传播、消费的各环节。人工智能、虚拟现实、大数据、区块链等技术在赋能文化艺术创作生产、提升文化和旅游数字化公共服务效能、驱动文化和旅游业态创新、推动文化和旅游行业数字化转型升级等方面发挥着日益重要的作用，涌现出许多有参考价值的优秀案例。

中央文化和旅游管理干部学院（以下简称"学院"）于2024年9月开展了"2024年文化和旅游领域科技创新应用教学案例"征集及评审工作，旨在遴选近两年全国文化和旅游领域具有代表性的科技创新应用案例，并充分发挥其借鉴启发作用，为文化和旅游高质量发展提供人才保障和智力支持。

此次案例征集力求在宏观层面阐释理念，在细节层面反映经验，每个案例材料都要求包含内容简介、项目背景、效益分析、案例解析、创新点、实操注意事项6大部分，希望客观、准确、全面展示每个案例的策划、实施和运营等过程。经过专家评审，最终遴选出16个案例（排名不分先后），涵盖文旅体验、治理、服务、营销等类型，涉及舞台艺术创作、数字展馆建设、乡村文旅发展、文化国际传播等10余个应用场景，以及人工智能、虚拟现实、大数据、区块链、数字沉浸、数字娱乐等技术应用。

本次评选的"教学案例"有别于"优秀案例""十佳案例"等，我们把案例的教学性与示范性作为评审重点，突出对实践工作的启发性和指导性，希望读者能够从中学到一手经验，获得解决文化和旅游共性问题的启发，并将其运用到文化和旅游领域的具体工作实践中。

作为文化和旅游系统干部教育培训主渠道主阵地，学院一直主动适应新形势新要求，着力加强人才教育培训前瞻性和创新性工作，努力培养高素质文化和旅游工作者。我们希望这本案例集能够成为全国文化和旅游工作者的学习参考资料，提供实践指导、促进经验共享、激发创新思维、提升决策水平。

我们深知，受时间和水平所限，本书在案例分析、科技创新应用界定和分类等方面难免存在不足之处，敬请广大读者批评指正，共同优化完善教学案例，深化文化和旅游领域科技创新应用，推动文化和旅游高质量发展。

目 录 | Contents

360 度影秀剧《信仰》，打破沉浸式文旅新边界 …………………… 1

数字科技赓续文化血脉，"红飘带"谱写新时代长征华章 …………… 11

5G 传"村超" 数字振乡村

  ——体育旅游新 IP 消除"数据鸿沟"的世界样本 …………… 25

"山里 DOU 是好风光"，以数字能力助力乡村文旅发展 …………… 36

文化引领，科技创新　豫园灯会的全球化发展之路 ………………… 45

百度 App 寻找国宝计划：AI 赋彩数字人解锁文化遗产传承新体验 …… 56

丽江智慧旅游：科技赋能，重塑文旅新生态……………………… 68

植物奇妙夜

　　——打造沉浸式温室夜游体验………………………………… 78

智能防控新利器：顶流博物馆如何巧妙遏制"黄牛"现象………… 92

VR 大空间　梦回圆明园…………………………………………… 103

以"数智牛首"为例看景区文化数字展示和智慧旅游解决方案…… 115

文化与科技的交融共生

　　——"天趣画境"齐白石沉浸式数字光影艺术展……………… 127

探索古镇数字化营销的变现之路…………………………………… 139

智能艺境：AIGC 赋能传统文化传承与创新……………………… 147

科技遇人文　泉州古城的数字诗篇………………………………… 155

登封文旅元宇宙：重塑旅游体验的数字化创新之旅……………… 165

360度影秀剧《信仰》，打破沉浸式文旅新边界

要点提示

> 北京天图万境科技有限公司（以下简称"天图万境"）申报的"沉浸式影秀剧《信仰》"是以中国近代历史中的伟大革命为背景进行创作的沉浸式影秀剧，属于文旅体验类案例。本案例将数字沉浸技术应用于舞台艺术创作，结合AI（人工智能）等技术打造360度可旋转式观众席和多层次沉浸式圆形舞台结构，营造出全新的观剧体验。

一、内容简介

沉浸式影秀剧《信仰》系全新科技赋能力作，以AI技术为底层开发，以

《信仰》宣传海报

感知虚拟制作为创作方式，打造了360度可旋转式观众席和多层次沉浸式圆形舞台结构，结合100米360度多维环幕，营造了逼真的超视角沉浸式观剧新体验。移动的观众视角，配合"多层次＋多维"环幕，实现了剧场演出的"一镜到底"创新，为观众带来颠覆性的沉浸式观看体验，自2023年7月1日首映至今，已演出过百场。

二、项目背景

城市文化是人文、历史、地理、经济等多方面的综合体现，是城市深厚底蕴所在。苏州橙天嘉禾叁六零剧场有限公司致力于打造一处古今融合的文化新地标。

叁六零剧场位于苏州吴中太湖新城引黛街东南侧，太湖苏州湾北岸，项目占地总面积33870.6平方米。建筑集剧场、办公、餐饮等功能于一体，是一座可同时容纳1300名观众的大型剧院。剧场引进360度旋转式圆形舞台设计，把多维度多层次银幕、全息投影舞台背景与多层次旋转式舞台及观众席完美融合，通过人工智能全自动化控制系统操控舞台，确保观看席最佳观赏视角，将实景、虚景融为一体，革新了国内传统的文化演绎方式。

《信仰》以中国近代历史中的伟大革命为背景，以"故人嘱托、救亡图存"为主题，围绕"一场战役、两处战场"展开，进述了一对出身苏州书

剧场外景

香门第的姐弟，分别在"正面战线"与"隐蔽战线"为共产主义信仰坚定斗争的故事。整场演出包括22幕剧情，由100多位专业演员完成，将红色文化与现代科技相结合，向观众呈现了革命先辈为信仰而不懈奋斗的精神，使观众在历史和现实中找到情感共鸣。

剧场鸟瞰

三、效益分析

（一）社会效益

1. 增强文化自信与爱国情怀

通过演出，能够有效传播革命精神和进行爱国主义教育。观众在感受宏大历史叙事的同时，能够更加深刻地认识到国家独立、民族解放的重要性，进一步坚定文化自信、厚植爱国情怀。

2. 推动当地文化产业高质量发展

《信仰》作为一部创新性的影秀剧，将带动相关文化产业发展。从舞台设计、视觉特效到周边产品开发，都会为当地的文化创意产业注入新动力。同时，也有助于吸引更多投资和资源，促进地方经济繁荣。

3. 促进城市旅游与经济增长

通过将《信仰》打造为苏州的文化名片，可以吸引大量游客前来观赏，促进苏州旅游业发展、提升整体经济水平。游客不仅能体验影秀剧，还能享受住宿、餐饮、购物等服务，形成多元化收益。此外，《信仰》影秀剧的不断推广，有利于推动苏州历史文化迸发现代活力，提升城市知名度与美誉度。

（二）经济效益

《信仰》从 2023 年 7 月 1 日首映至今，已实现了 100 场演出。VIP（贵宾）区票价为 1280 元，其他区间席位票价为 200～500 元。按照人均票价 450 元、1200 座席计算，每场演出收益大约为 54 万元。目前，本剧演出已经超过百场，演出收益达 5400 万元。本剧在猫眼上的评分为 9.7 分，观众好评如潮。

四、案例解析

（一）目标及思路

1. 弘扬革命精神，为党庆生的献礼之作

沉浸式影秀剧《信仰》，弘扬了革命先辈无惧牺牲、抛洒热血的伟大革命精神，不仅重温了历史，更唱响了祖国未来繁荣昌盛的赞歌。此剧作为对党的献礼剧目，登上了央视《新闻联播》。

获央视《新闻联播》报道

2. 国内首个 360 度旋转舞台设计

剧场采用国内首创的 360 度旋转舞台设计，为观众提供全方位、多角度的视听体验。这种创新的舞台设计打破了传统的观演形式，使观众能够身临其境地感受剧情的发展与变化。

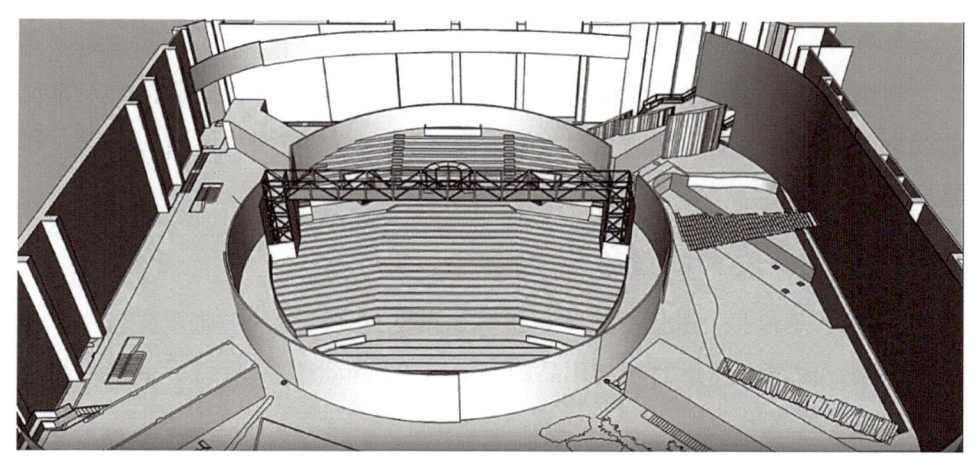

剧场结构

3. 沉浸式、超视角的全新观剧体验

通过多样化的互动手段和先进的技术设施，为观众带来前所未有的观剧新体验。从视觉、听觉到情感，全方位提升沉浸感，观众不仅是观看者，更是故事的一部分。

超视角环幕营造裸眼 3D（三维）效果

4. 虚实融合的视觉表达

利用现代高科技手段，将虚拟场景与真实表演相结合，创造出令人惊叹的视觉效果，让历史与现实交织、过去与未来共鸣，增强了作品的表现力和感染力。

5. 打造苏州城市地域金名片

《信仰》不仅是一部影秀剧，更是苏州市文化和旅游的一张重要名片。通过这部剧，树立了苏州的新文化品牌，提升了城市形象，吸引了更多游客前来体验和了解苏州。

（二）应用技术

《信仰》将多层次、多维度的新一代感知视听影像与舞台实景有机结合，通过360度环绕巨幕、360度旋转观演席和360度全景音响系统，搭配炫丽舞美效果和演员精湛表演，真正做到了虚实结合，带领观众穿越多个时空，打造360度沉浸式的观演新体验。

《信仰》的视频系统设计与导演、视效团队密切配合，紧扣不同表演区的表演主题和表演形式，通过内屏180度环幕投影区域、外侧舞台180度投影区域，以及外侧舞台两个40米长低亮高灰LED（发光二极管）屏、小点距移动LED屏，利用同步系统配合观众席、屏幕转动，建立视觉的强烈感知，从时间、空间、距离、运动等多方位打造全面的沉浸式视觉体验。

（三）具体做法

1. 视频系统设计

舞台空间配合虚拟场景的视效，形成了空间纵深感。以码头一幕为例，码头是一个超大视角的大型表演空间，弧形表演舞台宽度超过70米、深度超过10米，此空间表演配合底屏超宽高分辨率投影、烟雾、前屏投影和转动、舞美、灯光，为观众带来大场面震撼视觉效果。

虚实结合打造舞台空间纵深感

2. 视效创新

跑酷、追逐、打斗等场景被搬上舞台，形成了震撼的视效。追逐场景由红绿灯躲藏片段、房顶打斗片段、追车片段和跳水片段组成，需要互动开放的表演空间。为了呈现更真实的效果，剧场定制了低亮高灰 LED 屏幕，于暗场环境下，在 220 尼特亮度时呈现超 14 比特灰阶，呈现高对比度的画面背景，避免亮度对地面影响导致的穿帮。

通过街景的变化营造舞台运动效果

街景变化形成汽车行驶效果

3. 完全自主研发的"AI感知虚拟制作"技术

《信仰》应用了天图万境完全自主研发的"AI感知虚拟制作"技术，打破了传统舞台剧受环境、场景限制的边界，让真实演员在虚拟场景中的表演更自然。

天图万境自主研发的AI感知视听技术，是人工智能支撑的新一代图形图像计算方法，通过AI图像分割、AI阴影投射、AI光场还原、AI色彩融合、AI材质识别、AI空间计算等技术，实现"所见即所得"的VR（虚拟现实）融合拍摄，创造了智慧生产体系。

"AI感知虚拟制作"技术应用十分广泛，能够打通游戏、电影、VR、互动剧等领域，并且打破了人机沟通的低效性。此外，该技术还可以应用在工业可视化领域，例如工业产品展示、工业流程模拟。

（四）资金情况

橙天嘉禾剧场有限公司总投资金额为6亿元，分为一期、二期，政府提供土地和建筑物主体建设资金，橙天嘉禾投资剧场建设并负责运营，天图万境主导视听内容创作。

五、创新点

（一）AI 底层技术支撑

利用先进的人工智能技术，实现以精准的实时表演控制与观众互动。AI 算法能够动态分析观众反应，调整舞台效果和剧情发展，提供个性化的沉浸式体验。同时，AI 还可以优化舞台灯光、实现音效和影像特效同步，提升整体演出质量。

（二）舞台视效创新

采用 360 度旋转舞台设计，结合高清投影、裸眼 3D 视效呈现等尖端技术，为观众打造一个无缝衔接的视觉盛宴。同时，融合了铁索桥、水池等实景，多维度的舞台视效不仅增强了剧情表现力，还使观众在不同角度都能获得独特的观剧体验。

（三）立意创新

《信仰》以弘扬革命精神为核心，通过艺术手段重现历史事件与英雄人物故事，赋予其现代意义。这种立意不仅具有深厚的文化内涵，还能够激发人们对历史的敬畏和对未来的思考，从而提升作品的社会影响力。

（四）商业模式创新

《信仰》持续运用新媒体传播方式，包括抖音、直播售票等，以创新性的方式增加票房收入，确保项目的长期可持续运营，并为投资者带来稳定的回报。

（五）红色文旅

将红色旅游与文化演艺紧密结合，《信仰》在创造了视觉盛宴的同时，将红色文化传播融入文旅项目中，激发游客的爱国热情，形成完整的红色文化旅游产业链，进一步推动了红色文旅创新发展。

六、实操注意事项

（一）技术与内容的结合

在虚拟场景与真实舞台表演的结合过程中，需要不断调整配合度，例如坐在观众席视角时，看到的场景地平面与舞台地面是否融合恰当，需要配合得恰到好处，否则整体效果就会产生割裂感。

（二）演出流程编排

因为舞台是 360 度环绕式呈现，观众席在观剧过程中会旋转，所以需要考虑如何解决剧中观众离席不会为整体演出带来影响的问题。通过对观演流程的重新设计，解决了这一问题。

（三）项目持续创新与优化

《信仰》注重持续优化和创新，通过定期以 AI 技术优化舞台视效的方式，不断提升观众的沉浸式体验。为尽可能确保作品始终处于行业领先地位，项目团队需坚持根据观众反馈和市场需求进行迭代更新。

【深入思考】

1.《信仰》在数字技术应用方面有哪些创新点？如何提升游客的参与感和沉浸感？

2. 如何在文旅项目中因地制宜应用数字沉浸技术，促进文旅高质量发展？

数字科技赓续文化血脉，"红飘带"谱写新时代长征华章

要点提示

北京黑弓文化传播有限公司（以下简称"黑弓"）申报的"贵州长征文化数字艺术馆（红飘带）"是长征国家文化公园重点项目，属于文旅体验类案例。本案例将数字沉浸技术应用于数字场馆建设，立足中国传统文化属性与历史基因，将视野着眼于中国独特的红色文化体验，应用全息影像、异型显示系统、LED立屏和地屏等技术，以科技、艺术赋能红色文化和旅游产业发展，展开基于史实的文化创作。

一、内容简介

贵州长征文化数字艺术馆——红飘带，位于贵阳市双龙空港经济区龙洞路和彩湖路交会处，紧邻龙洞堡国际机场，是集科技、文化、艺术于一体的以长征为主题的全域行浸式数字体验馆，是长征国家文化公园重点项目。

由70周年国庆视觉总设计、北京冬奥会开幕式视效总监王志鸥担任"红飘带"总导演、总设计，黑弓担纲

"红飘带"选址

"红飘带"总创制。整体场馆由全域行浸数字演艺《红飘带·伟大远征》《红飘带·多彩飞越》两大部分组成。作为长征国家文化公园贵州建设区重点项目,"红飘带"以"高昂的旗帜,不绝的队伍"为核心主旨,用数字科技的语言向世界讲述长征故事,传承红色基因。项目立足中国传统文化属性与历史积淀,将视野着眼于中国独特的红色文化体验,以科技艺术手段讲述中国故事,用科技艺术赋能红色文化和旅游产业发展,展开基于史实的文化创作,成功打造了国际一流的红色文化体验场馆和优质爱国主义教育载体。

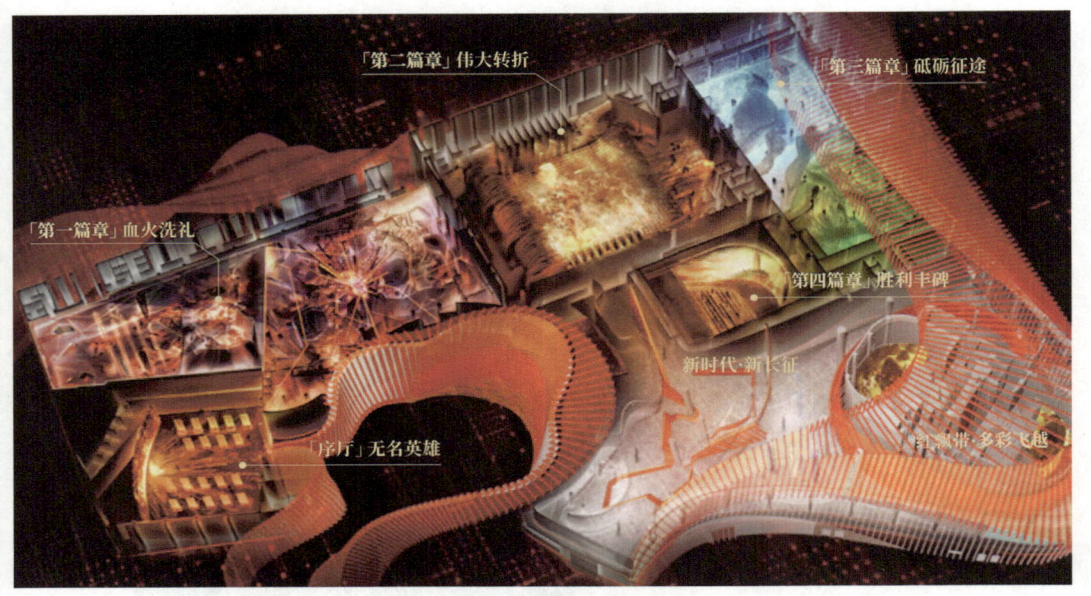

"红飘带"场馆分布

二、项目背景

建设长征国家文化公园,是以习近平同志为核心的党中央作出的重大决策部署。2019 年,中共中央办公厅、国务院办公厅印发《长城、大运河、长征国家文化公园建设方案》①,贵州成为长征国家文化公园的重点建设区。其

---

① 《中共中央办公厅、国务院办公厅印发〈长城、大运河、长征国家文化公园建设方案〉》,新华网,2019 年 12 月 5 日。

后贵州省委、省政府确立"一核、一线、两翼、多点"的长征国家文化公园总体布局，突出长征"征程"特点，通过重大历史事件，串联建设项目点位，促进文旅深度融合，并确定"红飘带"作为以点带线、以线扩面的3个标志性项目之一。

"红飘带"是贵州重点建设区的标志性、引领性工程，是贵州推进长征国家文化公园建设的重要抓手和破题之举，是一项重要的政治工程、党建工程、民生工程和文化工程，是长征国家文化公园的重要展示部分。场馆充分运用最新科技展演成果，按照世界一流水平的标准进行打造。场馆于2020年5月筹划启动，2021年5月全面启动施工建设，历时两年，于2023年10月开馆首演，2024年10月22日正式面向公众运营。

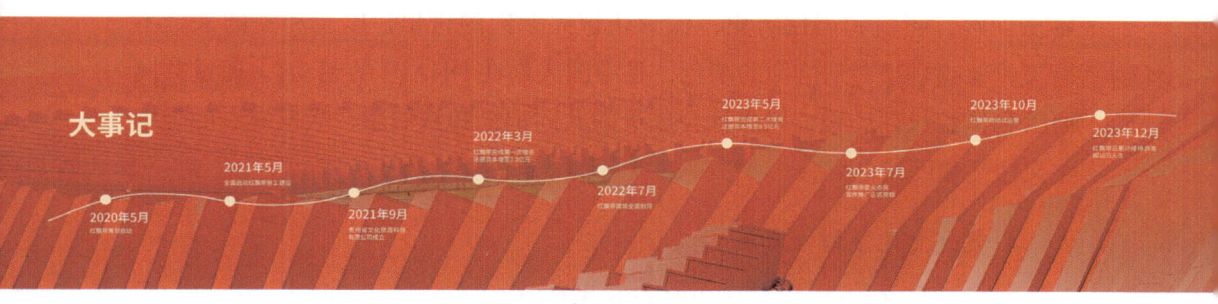

"红飘带"建设历程

三、效益分析

（一）社会效益

1. 促进文化传承与弘扬

"红飘带"使观众能够身临其境地感受长征的艰辛与伟大，试运营1年，全网话题曝光量突破5亿次[①]，引发了公众对长征精神的较大关注。

2023年10月，来自海外的35家华文媒体，将"红飘带"作为开启多彩贵州之行的第一站，此后相继迎来更多国际友人体验。"红飘带"是跨越语言

---

① 《贵州长征文化数字艺术馆（红飘带）今日正式运营》，中国日报网，2024年10月22日。

与文化的沉浸式之旅，是坚定文化自信、增强国家软实力、打造民族性与世界性兼容的红色文化品牌的重要举措。

2. 推动爱国主义教育

"红飘带"通过生动形象的数字展示和互动体验，使观众在潜移默化中接受爱国主义教育，厚植爱国情怀、弘扬民族精神，并多次获央媒党媒点赞，被收录至"2023中国旅游产业影响力案例名单（科技助力旅游高质量发展典型案例）"，作为《贵州教育大讲堂》秋季开学第一课的外景拍摄地。

3. 提升社会凝聚力

"红飘带"自公开运营以来，收到观众无数好评，"让年轻人和孩子们更容易理解、明白和记住历史，深刻认识先辈们的付出，以及和平的来之不易"，"'红飘带'，是信仰的颜色，是中国人刻在DNA里的感动"。通过共同回顾和体验长征历程，增强社会成员的共同记忆和认同感，激发观众的爱国主义情怀和民族自豪感。

4. 促进文化多样性发展

《红飘带·伟大远征》整体以6个篇章构成，采用基于史实、贴近时代、创新高科技承载的艺术创作表现形式。《红飘带·多彩飞越》是8K电影级巨型LED球幕飞行影院的剧目，集科技、文化、艺术于一体，曾荣获第六届"绽放杯"5G应用征集大赛贵州区域赛一等奖和特色奖等奖项。

（二）经济效益

"红飘带"自2023年10月22日试运营至2024年10月22日合计演出8300场，接待省内外入园游客100万人次、观演游客近80万人次。《红飘带·伟大远征》单日最高演出11场，《红飘带·多彩飞越》单日最高演出82场，单日最大接待游客2万人次。试运营期间被央视报道10次、省内外媒体报道300余次，曝光量破5亿次，成为贵州红色旅游的经典之作、必到之地。[1]

---

[1] 《贵州长征文化数字艺术馆（红飘带）今日正式运营》，中国日报网，2024年10月22日。

四、案例解析

（一）目标及思路

第一，打造成具有高度震撼力和深度教育意义的长征文化主题场馆，让其成为兼容民族性和世界性的文化名片，以及开展革命文化教育、培育爱国主义情怀的优质教育平台。

第二，以科技艺术手段讲述中国故事，用科技艺术赋能红色文化和旅游产业发展，展开基于史实的文化创作。

（二）应用技术

全息影像：能够将影像以三维形式呈现，使观众身临其境，实现跨越时空的文化交流与互动。异型显示系统：根据空间布局、设计创意，以实物结合虚拟的显示方式，逼真还原战壕、石笋等。LED 立屏和地屏：具有高灰低亮、高对比度特性，通过立屏与地屏结合，动态内容与光影效果交织，营造出立体空间感与强烈的沉浸体验。飞行屏与舞美帷幕矩阵：采用多达 25 块可升降平移的飞行 LED 屏及景片道具，与 LED 立屏和地屏形成帷幕矩阵。机械运动座椅系统：每块观众席上的座椅都可以逐排升降，在演出过程中可实现不同的观看视角。历史场景与人物数字化再现：运用数字扫描、建模与渲染技术，将历史场景与人物以高度还原的方式重新呈现于数字世界，使观众能够穿越时空的界限，近距离"观察"历史的风貌。超大荷载吊挂设备：升降帷幕可结合视频内容自由控制，通过艺术化方式增加环境的包裹感及观众的沉浸感。超大弧形透声幕：屏幕面积超过 2 个 IMAX 银幕，6 台高流明激光投影机，总像素远超 4K，46 只扬声器组成 43.1 声道，可以做到全景环绕立体声效果，能够在有限的空间中最大限度地呈现沉浸感。裸眼 3D 技术：无须佩戴特殊眼镜等设备，就能感受到栩栩如生的立体出屏显示效果。数字扫描：采用高精度光学系统、先进的数字图像处理算法，以及高效的数据传输技术，能够快速、准确地捕获目标物体的图像信息，并将其转化为高质量的数字信号。LED 球幕：通过精密的 LED 光源布局与球形曲面显示技术，呈现

360度全景视觉效果，其流畅的动态变化与绚丽的色彩光影，打造出身临其境的沉浸式观赏体验。乘骑设备：通过座椅的升降、旋转、俯冲等动作，配合LED球幕技术，为观众带来全方位的感官刺激，营造出逼真的虚拟环境。

（三）具体做法

1. 技术创新方面

《红飘带·伟大远征》序章《无名英雄》通过全息影像再现红军战士的面孔、身影，结合虚拟的纪念碑式影像雕塑陈列，犹如万千英魂汇聚。

《无名英雄》场景

《血火洗礼》设计包括锥体、弧面、叠层、矩阵升降等近百处异型影像面，所有影像均采用独立视点。黑弓在精准设备仿真基础上，依托自身数字创作优势，大胆采用实物结合虚拟的显示方式，光影在战壕、山体、石笋等场景间流转，呈现震撼效果。

数字科技赓续文化血脉，"红飘带"谱写新时代长征华章 | 17

《血火洗礼》场景

《伟大转折》通过全维度影画场馆、机械运动座椅系统、飞行屏与舞美帷幕矩阵将历史场景与人物数字化再现，展示遵义会议的历史背景、会议过程和中国革命实现伟大转折的重大意义。

《伟大转折》场景

《胜利丰碑》采用超大弧形透声幕做到全景环绕效果，展现红军会师的壮观场景。

《胜利丰碑》场景

大厅设置超 4K 裸眼 3D 屏幕，数字内容涵盖大国重器、自然风光等，在有限的空间内采用视错觉完成灵动的立体视觉效果，参观者能身临其境般体验到长征运载火箭发射现场、黄果树瀑布的水花实时溅落、红色飘带栩栩如生飘动等内容。

裸眼 3D 大屏

《红飘带·多彩飞越》在数字内容创作中,使用先进的数字扫描技术,通过实地考察贵州地形地貌、采集实时数据,1∶1制作数字沙盘模型,真实还原贵州地貌,使观众领略贵州19个国家AAAAA级景区风光。

《红飘带·多彩飞越》场景

2. 行浸感知方面

《红飘带·伟大远征》整场剧目以"一面红旗、一盏马灯"作为跨越时空的核心线索,引领观众体会红军在长征中的坚定信仰。场馆内时时有影像、处处有故事,通过近百处异型影像面和独立视点技术,实现全方位、全天候的沉浸体验。

在《砥砺征途》中,仿真狂风暴雪,伴随各种声效,配合可结合视频内容自由控制的升降帘幕,通过"五感"的真实传达,使观众完全沉浸于这行进式的展演空间中,切

"一面红旗、一盏马灯"主题展示

身体会红军战士在崇高的革命信念和顽强意志下与极其险恶的自然环境进行艰苦卓绝的斗争，亲身体验用双脚丈量"爬雪山过草地"的革命场景。

《砥砺征途》场景

3. 数字转化方面

为使《无名英雄》中雕塑墙与舞台机械开门机构完美结合，采用了定制的二轴运动机构，在整体雕塑墙中部实现后撤加平移的动作，巧妙实现可供观众通行的"隐形门"。这项设计既解决了设置地面轨道的突兀和缝隙问题，又消除了雕塑墙体重心偏移可能产生墙体倾斜的隐患。

《新时代新长征》为实现飘带异型屏设计，展厅采用超长 LED 屏幕，全长超过 210 米，采用曲面凹凸形式，结合下降、上升、螺旋趋势。全屏定制异型软膜组，通过 BIM（建筑信息模型）精细建模优化，使该方案在保持精细外观造型设计的前提下具有良好的执行性。屏幕结构结合现场环境利用贴墙、吊装、地面支撑、绕柱等多种形式进行固装，最小安装误差不超过 0.5 毫米，施工中动用 3D 扫描等高科技手段，确保屏幕精准、稳定，最终形成一条联结过去与未来的纽带，极致地展现场馆的红色主题。

《新时代新长征》展区

（四）资金情况

本项目由中共贵州省委宣传部指导，贵州广电传媒集团有限公司、贵州省旅游产业发展集团有限公司主办，贵州省文化旅游科技有限公司承办。这体现了地方政府及企业对红色旅游、文化和旅游创新发展的重视与支持，通过专项资金投入，推动红色文化与科技艺术深度融合，提升旅游产品的吸引力和竞争力。

五、创新点

（一）建筑创新点

"红飘带"以"地球的红飘带"为主旨，突出"一带"的概念，即长征史诗长廊及景观带。建筑形体设计以"中央红军长征路线图"作为主题，设置2

条南北方向的红飘带,曲面幕墙蜿蜒起伏,形成连续转折的动态轮廓,体现了"红飘带"的灵动之美。通过光线反射,建筑形成的明暗对比如同钢琴的琴键,敲响历史的回音。

"红飘带"鸟瞰

"红飘带"外立面色彩系统采用跳色设计,灵感来自贵州省境内赤水丹霞,实现了建筑与自然景观的有机结合、形态及颜色的精妙搭配,不仅展现了建筑外观的流动美与韵律感,更深层次地蕴含了对地域文化特色的尊重与传承。

(二)设计创新点

"红飘带"立足贵州省丰富的红色文化资源,运用先进的科技艺术,通过建筑、景观和展陈等多种手段,紧紧围绕传承弘扬伟大长征精神,深入挖掘红色故事。在艺术创作上,"红飘带"作为一条贯穿整个观演过程的线索,观众在场馆内能看到一条虚拟的红飘带出现在《无名英雄》场景的地面上、《血火洗礼》场景的微光中和《胜利丰碑》场景的旗帜下,象征着在长征中始终指引前行的革命理想。

数字科技赓续文化血脉，"红飘带"谱写新时代长征华章 | 23

"红飘带"建筑外立面

（三）技术创新点

《伟大转折》场景内置海浪造型的高清晰度室内 LED 立屏和地屏，具有高灰低亮、高对比度的特性，能够呈现细腻且逼真的画面。地面屏幕加强了背架结构，并涂覆防泼溅保护层，以确保其稳定性和耐用性。剧场布置 8 处地面推撑屏，借助精密的翻放机构，能够在数秒内迅速倾斜升起，为观众带来极具视觉冲击力的动态效果。同时，剧场上空悬挂可升降平移的飞行 LED 屏及景片道具，协同形成帷幕矩阵，使观众完全融入沉浸式的演出氛围中。

为了满足观众对多样化观看视角的需求，剧场引入 6 块大型升降移动座椅台组成的系统，可以独立或编组在 LED 地屏上移动，从而打造出宽度达 37 米的观演面。每块观众席上的座椅可以逐排升降，设备采用独创的隐藏式设计，有效解决了重达数百吨的观众席在 LED 地屏上的承力难点。

《红飘带·多彩飞越》采用像素级校色、数字纠偏等先进技术，实现业界领先的飞行影院体验，也可以说是业内目前第一个电影级的飞行影院项目。

（四）模式创新点

"红飘带"强调全域行浸式体验，以"艺术＋科技"为媒介，打造整个长征伟大远征的叙事体验，需要观众的具体行动介入营造的混合现实的全域时空中。作为全域行浸式红色文旅数字体验馆，"红飘带"拥有极为复杂的实景异型显示系统，以保证全方位再现长征精神的伟大瞬间，数字化全景再现长征之路。这些数字科技的应用不仅提升了观众的沉浸感，也展现了科技在演艺领域中的巨大潜力。

六、实操注意事项

（一）技术融合和应用

需要有机融合多种技术，以确保不同系统间能够顺畅集成，同时充分考虑未来技术发展趋势，为技术升级预留接口和空间。

（二）内容创作和呈现

深入挖掘红色文化资源，明确场馆主题，确保设计内容与主题紧密相关。创意策划要符合场馆主题和观众需求，注重故事性和情感共鸣，融入地方红色文化与民俗内容，使设计不空泛，增强文化内涵。定期对展览内容进行维护和更新，保持内容的新鲜度和吸引力。

（三）技术实施与挑战

面对复杂的技术系统和高精度的技术要求，需组建专业的技术团队进行实施。提前进行技术预演和测试，确保技术方案的可行性和稳定性。

【深入思考】

1. "红飘带"如何巧妙构思设计、创新运用科技艺术手段达到增强社会成员之间的共同记忆和认同感，激发观众的爱国情操和民族情怀的效果？

2. 在内容创作呈现、创新运用科技艺术手段等方面，应该抓住哪些关键点？如何有效展现红色文化，形成大众爱国主义感情共鸣？

5G 传"村超" 数字振乡村

——体育旅游新 IP 消除"数据鸿沟"的世界样本

要点提示

中国移动通信集团贵州有限公司、中移动信息技术有限公司申报的"5G 传'村超' 数字振乡村——体育旅游新 IP 消除'数据鸿沟'的世界样本"是通过科技力量消除城乡"数据鸿沟"、传播乡村振兴美好故事的有益探索，属于文旅营销类案例。本案例将大数据和 5G（第五代移动通信）技术应用于文化事件传播，以 5G 大数据网络为基石助力乡村体育赛事能力承载，充分融合直播、VR/AR（虚拟现实/增强现实）等技术，打造 5G 高清直播、云观赛、VR 观赛等创新应用，构建线上线下相结合的数字化传播体系，让"村超"突破地域限制，在云端与全国人民共享足球盛会。

一、内容简介

榕江县在贵州的深山里，用足球活动庆祝丰收可以上溯到 80 年前。2022 年，在贵州完成脱贫攻坚之后，"村超"搭上 5G 技术和直播的快车一夜爆火，成为全世界关注的体育文化热点，让世界看到了中国乡村的幸福模样，其大型优质的旅游 IP（Intellectual Property，知识产权）商业价值暴增，成为现象级事件。

"村超"爆火的背后推手是大数据的建设和发展。多年来，榕江县政府多次努力，积极推广山区群众自发组织的文娱活动，但是只有在 5G 网络开通后，民族风情和现代体育的对撞才借助流量力量，爆发出惊人能量。

"数据赋能 +5G 技术"搭建了"村超"与世界的桥梁。为保障"村超"现场观众及现场安防需要，中国移动采用 5G 组网"2.6G+4.9G"双频段覆盖模式，满足了现场超几万人观众用网需求。项目以 5G 大数据网络为基石，充分融合直播、VR/AR 等技术，打造 5G 高清直播、云观赛、VR 观赛等创新应用，为"村超"赛事全程直播推流，让"村超"突破地域限制，在云端与全国人民共享足球盛会。依托 5G 大容量、高传输的通信基础，让手机变成新农具，让数据变成新农资，让直播变成新农活，大力发展短视频、直播电商、线上营销等新业态，闯出一条发展助推乡村振兴数字经济新道路。

据官方平台统计，2023 年榕江县共接待游客 760.85 万人次，实现旅游综合收入 83.98 亿元，同比增长 73%，2024 年仅"五一"假期，榕江全县旅游接待游客超过 34 万人次，旅游综合收入超 3.3 亿元，全县 387 家酒店及民宿的预订率达 98%。[①] 以技术之力，乘数据之势，推动乡村旅游高质量发展，填平城乡连接的"数据鸿沟"，通过体育与农业、商业、旅游产业多元融合，成功打造"超好客""超好玩""超好吃""超好住"的"超品牌"，实现人民群众的美好生活愿景，通过打造体育旅游新 IP，为世界提供了消除城乡"数据鸿沟"的实践样本。

二、项目背景

自 2023 年 5 月 13 日开赛以来，"村超"凭借接地气的办赛风格，以及火热的现场氛围，迅速刷屏网络。可容纳 5 万余人的看台上座无虚席，来自全国各地的人们在呐喊助威。"村超"赛事的火爆，吸引了全国人民的关注和热爱。作为当地一项拥有近百年历史的足球赛事，不仅是村民庆祝丰收、增强社区凝聚力的重要方式，也是传承地方文化、展现乡村活力的独特窗口。然而，之前由于地处偏远、交通不便、信息闭塞，长期以来，"村超"的知名度

---

① 万剑青：《榕江县抢抓村超赛事流量密码激活消费新场景》，榕江发布，2024 年 6 月 26 日。

和影响力仅限于周边地区，难以吸引外部关注和资源投入。而现在"村超"的突然爆火对当地的网络维护、安全管理、赛事直播等方面带来了严峻的压力。

三、效益分析

（一）社会效益

1. 增进乡村文化认同，助力乡村传统文化传承

随着"村超"赛事通过 5G 技术和数字化平台走向全国乃至全球，榕江县独特的乡村文化和民俗风情得到了广泛的传播。这不仅让外界更加了解和认识乡村文化的独特魅力，也极大地增强了当地村民的文化自信和文化自觉。通过数字化手段记录和保存"村超"赛事及相关文化活动，使这些珍贵的乡村记忆得以永久保存和传承。同时，借助互联网和社交媒体，乡村文化得以跨越地域限制，传播到更广泛的人群中，为文化的多样性和传承作出了积极贡献。

2. 增强社区凝聚力，增进社区和谐

"村超"赛事作为榕江县的一项重要文化活动，吸引了大量村民和游客的参与。在赛事的筹备和举办过程中，村民们团结协作、共同努力，形成了强大的社区凝聚力。这种凝聚力不仅体现在赛事的成功举办上，更体现在日常生活中的互帮互助和共同发展上。越来越多的游客涌入榕江县，与当地居民进行了深入的交流和互动，这种交流不仅增进了彼此的了解和友谊，也促进了不同文化之间的交融和共生。同时，赛事的举办也为当地带来了更多的就业机会和收入来源，改善了村民的生活条件，进一步促进了社会的和谐稳定。

（二）经济效益

1. 推动旅游经济发展

"村超"的走红，直接带动了榕江县的旅游发展，2023 年赛事期间，榕江县实现旅游综合收入超过 28 亿元，带动夜间消费收入 5.86 亿元，同比增长

253.2%；销售农产品 4198 万吨，农产品线上线下销售额 6.26 亿元，网络零售额 4747.99 万元，同比增长 112.42%；旅游综合收入 83.98 亿元，同比增长 73.94%。[1]

2. 推动数字经济发展

"村超"项目提供的网络环境，为手机变成新农具提供了坚实的保障。2023—2024 年，贵州"村超"网络直播在线观看全网浏览量超 780 亿次，成为互联网最热门的 IP 之一。[2] 本项目通过 5G 专网搭建榕江"村超"的直播通道，在咪咕视频、央视、抖音等多个直播渠道进行线上直播，为无法现场感受"村超"氛围的足球爱好者提供线上体验，有效缓解了榕江县接待压力。截至 2024 年 7 月，基于"村超效应"，榕江县已累计培育出 1.2 万多个新媒体账号和 2200 余个本地网络直播营销团队，让更多人享受数字经济红利。[3]

四、案例解析

（一）目标及思路

基于"村超"项目"数据赋能 +5G 技术"的服务架构，围绕赛事直播、赛事安防、数字乡村等总体需求，构建了榕江"5G+135N '村超'"乡村振兴体系，通过用户统一认证与管理体系与全局的 5G 数据采集和 MEC（移动边缘计算）、中心云分析能力，搭建一个数据中心、三大服务平台、五大应用系统和 N 个 5G 智慧应用的总体架构，快速提升"村超"赛事的网络感知和榕江县乡村建设的智慧化体验。一个数据中心依照全周期、全样本、全方位采集原则，建设海量数据采集处理平台，充分利用 5G 和 MEC，汇聚基础信息资源、业务信息资源等，建立"村超"和数字乡村的数据管理和应用系统。三

---

[1] 万剑青：《榕江县抢抓村超赛事流量密码激活消费新场景》，榕江发布，2024 年 6 月 26 日。

[2] 杨文斌：《2024 年贵州"村超"决出总冠军》，新华社，2024 年 7 月 20 日。

[3] 吴蔚：《积极探索"村超+"榕江走出特色乡村振兴路》，天眼新闻，2024 年 10 月 22 日。

大服务平台——"5G+'村超'"赛事直播平台、"5G+智慧安检"综合管理平台及"5G+数字乡村"平台，广泛覆盖直播、智慧安检、乡村治理、旅游导航、农村新兴业态五大领域。集成 5G 超高清直播、5G 云喇叭、5G 远程监控系统在内的众多 5G 智能应用，实现全方位、多层次的智慧化服务与应用。

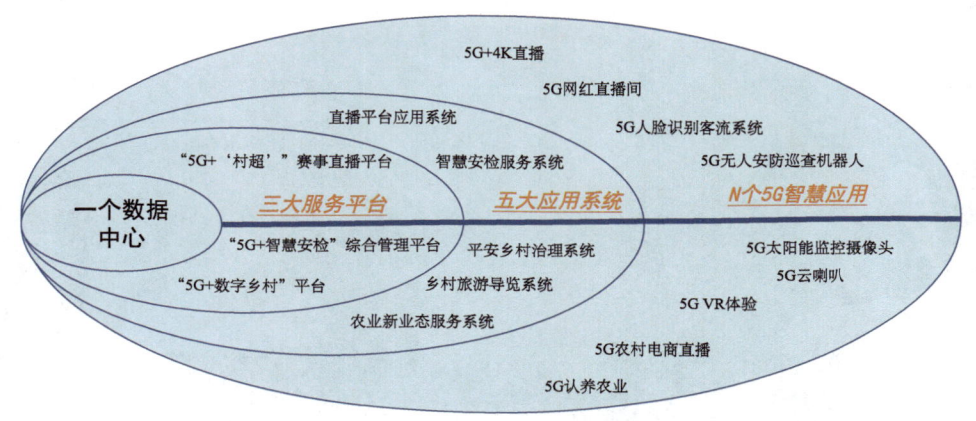

榕江县"5G+135N'村超'"乡村振兴体系

（二）应用技术

1. 创新组网，降低干扰

为满足榕江县"村超"现场安保需要，本项目 5G 采用"2.6G+4.9G"双频段覆盖模式，共规划小区 48 个（46+2），可满足 8 万多观众用网需求。基于用户分布特点，创新组网，采取栅格分区和错频组网的方式降低干扰、保障容量；高站采用天线低高挂、大倾角、窄波束、低功率等措施降低干扰，SINR(信号与干扰加噪声比) 由 -2 分贝提升至 14 分贝。应用 AMBR(聚合最大比特速率) 功能、窄波束组网、4.9G 双 80M 组网、7∶3 组网等策略提升现场用户体验。"村超"赛事开展期间，现场共开通 4G/5G 基站小区 191 个，网络综合覆盖率由 90.47% 提升到 98.87%，精准环绕覆盖球场及周边，网络峰值承载人数超 5 万。①

---

① 刘昌馀、邓娟：《贵州省规模推动 5G 应用赋能百业》，《贵州日报》2023 年 10 月 20 日。

榕江县"村超"现场网络覆盖示意

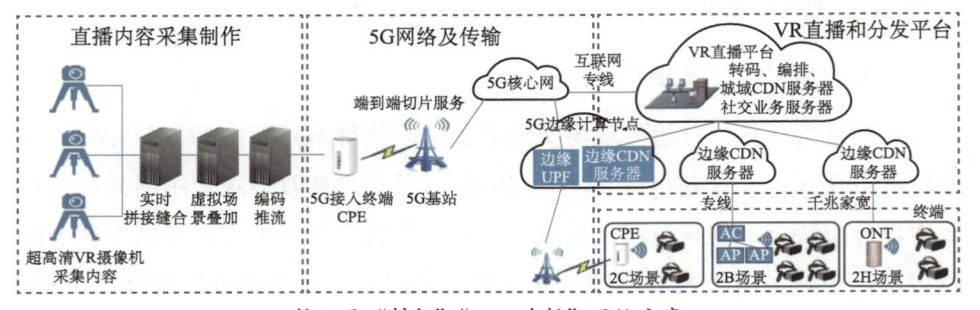

榕江县"村超""5G+直播"网络方案

"村超"现场 5G 设备采用 64/32/8 通道设备结合：球场内使用 64 通道设备保障高密集区域容量及干扰控制，球场外使用 32 通道设备覆盖，广场等局部热点区域使用 8 通道设备覆盖。

5G 现场接通率 100%，下载速率峰值 186 兆比特每秒，上传速率峰值 45 兆比特每秒。

5G传"村超" 数字振乡村 | 31

榕江县"村超"现场 5G 网络设备

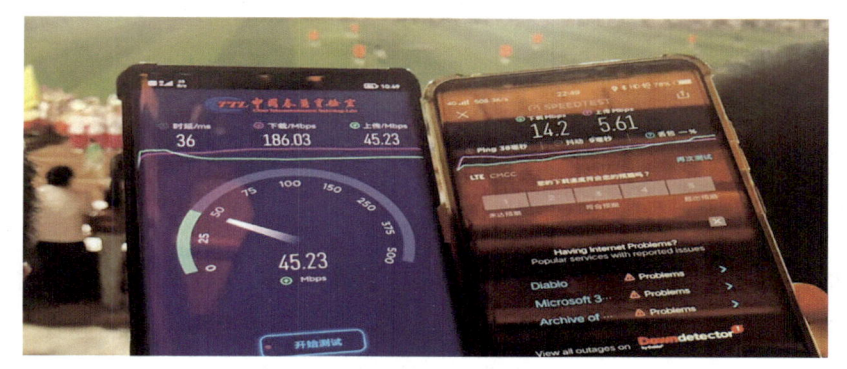

榕江县"村超"现场 5G 网络感知测试

2. "三圈"优化，提升质量

针对"村超"周围"三圈"进行测试优化，重点保障"村超"、热点区

"村超"足球场及周边小吃街（一圈）网络优化示意

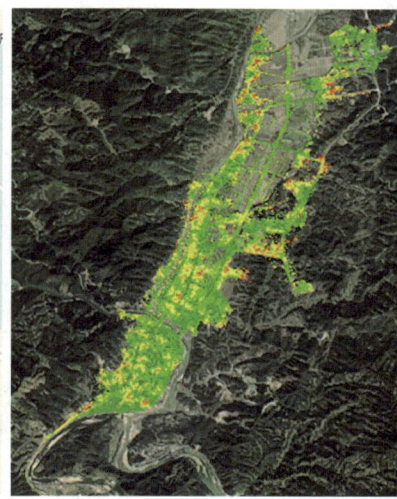

榕江县城及热点区域（二圈）网络热力

域、酒店、周围景区及道路等网络质量体验良好。

榕江周围景区、道路（三图）网络优化示意

（三）具体做法

贵州移动基于 5G 网络优势、专业产品优势，结合榕江县数字乡村建设发展需要，围绕榕江县"体育赛事+乡村旅游+传统文化+全民健身"多元融合发展的目标，运用"云管边端"一体化服务方案推动榕江县体育与农业、商业、旅游等产业深度融合，通过高清摄像头、无人机、VR 终端等先进设

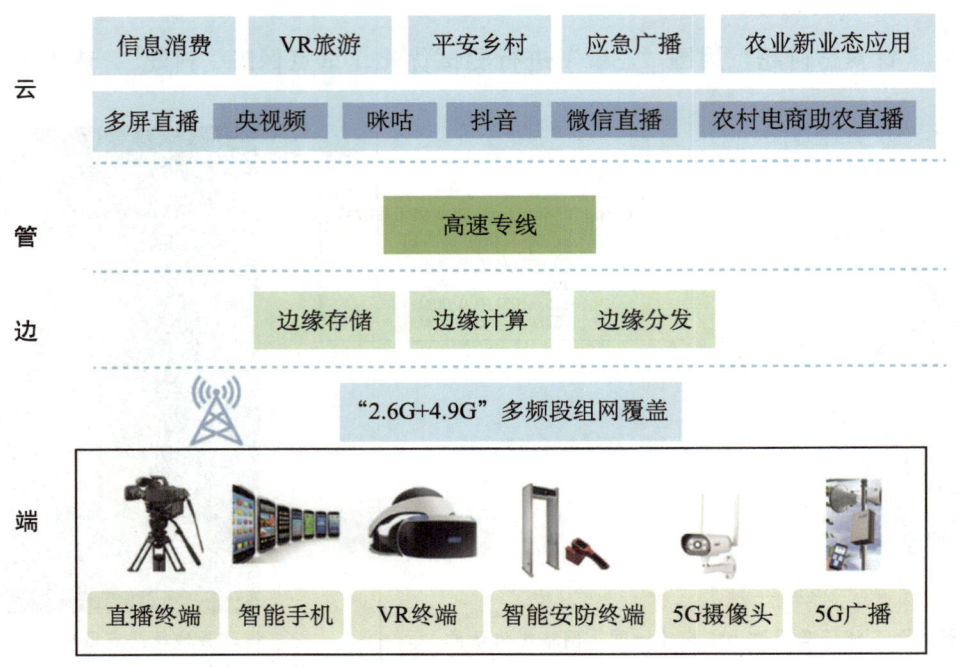

榕江村超"云管边端"一体化服务方案架构

备实现赛事现场的全景呈现和精彩瞬间捕捉。同时，利用直播技术，将"村超"赛事实时传输至各大网络平台和社交媒体，打破地域限制，让全球观众都能感受到乡村足球的魅力。

（四）资金情况

本项目总计获得投资 1194.31 万元，资金构成包括企业自主筹集的 1094.31 万元，以及来自贵州省大数据发展专项基金的 100 万元支持。在具体资金运用方面，项目支出精细分配如下：5G 网络建设投入 236 万元，旨在构建高效稳定的通信基础；5G"村超"赛事直播平台建设耗资 336 万元，用于提升"村超"赛事直播的技术水平与观众体验；5G 智慧安检综合管理平台投入 339.8 万元，强化"村超"现场的安全检查与管理的智能化能力；此外，5G 数字乡村平台的建设费用为 282.51 万元，用于推动当地乡村地区的数字化转型与发展。

五、创新点

（一）技术创新方面

"5G+'村超'"首次以 5G 大数据网络为基石助力乡村体育赛事能力承载，充分融合直播、VR/AR 等技术，打造 5G 高清直播、云观赛、VR 观赛等创新应用，为观众提供极具科技感的视觉盛宴。

一是以 5G 大容量、高传输特性为基础，保障"村超"现场通信网络正常稳定，保障现场观众在观赛的同时畅快上网分享赛事的精彩。

二是基于 5G 大带宽、高传输、低延迟的优势，实现 VR 直播，为观众带来 720 度全方位观赛及身临其境的体验。

三是以 5G 网络为载体，为村超赛事提供全程直播推流，基于"5G+ 高清直播"，突破地域限制，吸引全国各地观众在线观看，延伸"村超"触角。

（二）模式创新方面

打破传统体育赛事的单一传播模式，构建线上线下相结合的数字化传播体系，拓宽赛事影响力和传播渠道。同时，通过大数据分析和精准营销，实现乡村旅游产品的个性化定制和精准推广。以体育赛事为引领，推动体育、旅游、农业等产业的深度融合发展，形成多元化、全链条的乡村经济发展模式，为乡村振兴提供新的动力源泉。

六、实操注意事项

（一）明确项目需求与目标

清晰界定项目需要利用 5G 技术解决的具体问题或实现的目标。分析 5G 技术如何助力项目实现这些目标，包括速度、延迟、容量等方面的优势。

（二）评估 5G 网络覆盖

调研项目所在区域的 5G 网络覆盖情况，包括信号强度、稳定性等。评估 5G 网络是否满足项目在不同场景下的使用需求。

（三）频谱、天线资源分配

根据项目需求合理分配 5G 频谱资源，确保高效利用。考虑使用载波聚合技术，提升网络容量和传输速率。合理调整天线倾角、增益和方位角，优化覆盖范围和信号质量。定期对网络性能进行监测，包括覆盖率、信号质量、速率等指标。根据监测结果及时调整网络设置和参数，优化网络性能。

（四）持续运营和推广

深入挖掘本土特色，强调"村超"的地域文化特色，如当地的足球传统、民俗风情、自然风光等。创作内容需贴近村民生活，展现乡村足球的纯真与热情，增强观众的共鸣感。确保内容的专业性和准确性，无论是文字、图片还是视频，都应追求高质量的制作标准。创作具有故事性、趣味性和感染力的内容，吸引更广泛的受众群体。

（五）项目持续创新优化注意事项

根据实际情况和观众反馈，不断优化赛事规则，确保比赛的公平性和观赏性。引入更多元化的比赛形式，如友谊赛、邀请赛等，丰富赛事内容。挖掘"村超"的商业价值，拓展产业链上下游业务，如体育用品销售、旅游开发等。与相关政府机构建立合作关系，共同推动项目的商业化进程和可持续发展。打造具有鲜明特色的"村超"品牌形象，提高品牌知名度和美誉度。通过各种渠道和方式传播品牌形象和价值观，吸引更多的关注和支持。

【深入思考】

  1. 本案例是如何应对"村超"突然爆火对当地网络、安全管理、赛事直播等方面带来的严峻压力的？有何启示？

  2. 本案例所采取的方案对其他项目有何借鉴意义？

"山里DOU是好风光"，
以数字能力助力乡村文旅发展

> **要点提示**
>
> 北京抖音信息服务有限公司申报的"'山里DOU是好风光'以数字能力助力乡村文旅发展"，通过开展乡村文旅长期扶持计划，助力文旅经营主体提升数字化运营能力，属于文旅营销类案例。本案例以文旅经营主体"数字化能力提升"为目标，通过短视频直播运营、POI（兴趣点）页面运营、广告投放等方面培训，解决乡村地区数字化运营能力弱等问题，并通过流量扶持，助力在抖音新上线的文旅经营主体快速启动运营。

一、内容介绍

抖音公益和抖音生活服务联合发起的"山里DOU是好风光"乡村文旅帮扶项目，基于抖音平台内容生态、技术能力和产品能力优势，通过数字技术赋能乡村文旅的营销推广、人才培育和产品创新，助力乡村文化和旅游产业提质增效，带动农民就业增收，促进农文旅融合发展。

截至2024年4月30日，"山里DOU是好风光"项目抖音相关话题播放量超100亿次，覆盖全国31个省（自治区、直辖市）1138个区县，助力超2万个乡村文旅经营主体，累计交易额约47亿元，吸引乡村游客数量约1990万人次。"山里DOU是好风光"让乡村里的好风光看得到、找得到、体验得到。

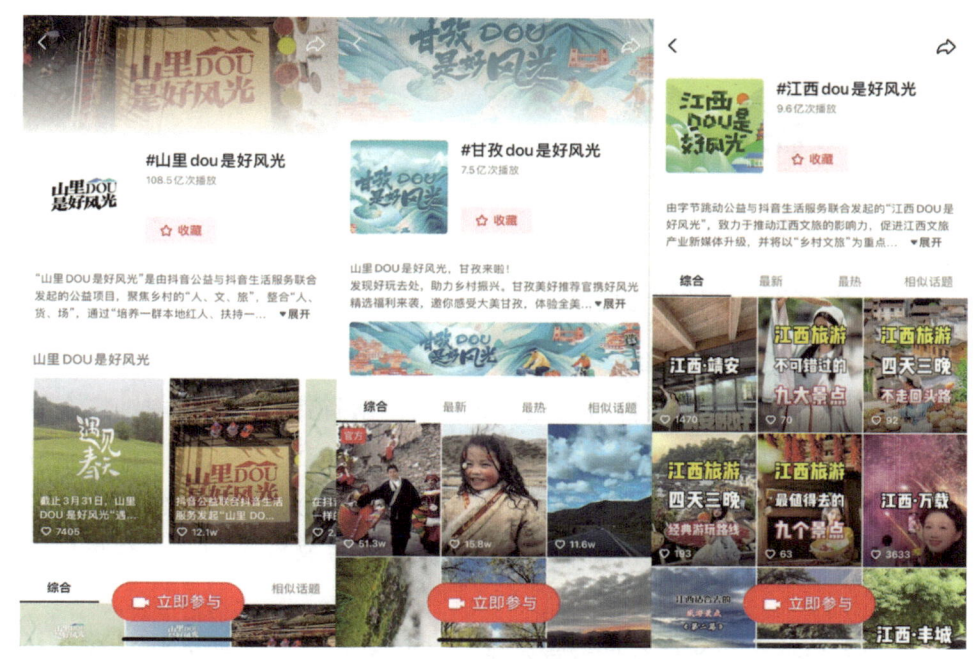

"山里DOU是好风光"抖音话题

二、项目背景

乡村文旅发展面临诸多问题，包括以下三个方面。第一，乡村文旅主体数字化营销和运营能力相对较弱。乡村文旅商家规模小、资源少、线上经营能力较弱，这给乡村文旅经营商家带来不小挑战。第二，乡村数字人才相对匮乏。农村不同程度存在"空心化""老龄化"现象，导致乡村文旅发展过程的中坚力量相对匮乏。第三，乡村特色有待深入挖掘。部分乡村文旅项目和产品相似度高，特色不凸显，对乡村文化、民俗、表演等内容的挖掘和开发不充分，缺乏核心竞争力。

基于以上问题，抖音公益立足平台内容生态、技术能力和产品能力，发起"山里DOU是好风光"项目，挖掘"人、文、旅"三要素，打造乡村文旅推广新亮点，帮助乡村文旅经营主体和创作者掌握抖音运营技能，打通线上经营路径，发挥文化和旅游产业的综合带动作用，吸引更多游客走进乡村，带动农民就业增收。

三、效益分析

（一）社会效益

1. 传播和弘扬乡村特色文化

"山里 DOU 是好风光"打造了福建省霞浦县东壁村、陕西省留坝县营盘村、甘肃省甘南藏族自治州扎尕那村、湖南省吉首市德夯村、广东省南雄市帽子峰镇等乡村旅游目的地，助力了贵州榕江"村超"、江西篁岭"晒秋"、潮汕英歌舞等地方特色文化名片在抖音"火出圈"，创新设计了"花开青蓝"龙泉青瓷、"山海"福建大漆、"DOU 来跃龙门"广东鱼灯系列文创产品。

《抖音 2024 乡村文旅数据报告》显示，2023 年 3 月 28 日至 2024 年 3 月 28 日，抖音平台新增乡村文旅短视频 10.9 亿个，播放量近 2.8 万亿次，获得超 555 亿次点赞、91 亿条评论、30 亿次分享。

"江西DOU是好风光"项目中达人打卡上饶望仙谷、婺源篁岭，通过短视频表现当地民俗

2. 促进区域文旅发展

以榕江县为例,"村超"在抖音超 130 亿次的话题播放量,让其成为吸引社会关注的大事件,衍生出一系列围绕"村超"的旅游体验产品和服务。2023 年 5 月 1 日—10 月 31 日,榕江县在抖音生活服务的订单同比增长 3.4 倍,酒店、旅游订单同比增长超 160 倍,餐饮、休闲娱乐订单均同比增长超 3 倍。榕江县累计接待游客超 519 万人次,实现综合旅游收入约 60 亿元。

(二)经济效益

截至 2024 年 4 月 30 日,"山里 DOU 是好风光"项目覆盖全国 31 个省(自治区、直辖市)1138 个区县,助力超 2 万个乡村文旅经营主体,累计交易额约 47 亿元,通过抖音直接带来的乡村游客数量约 1990 万人次。

云南黑荞母村小人国主题公园通过乡村文旅扶持专项,学习专业的新媒体运营知识,客流量持续递增,其中七成游客来自抖音"种草"。据云南黑荞母村小人国主题公园统计,2024 年春节期间,客流量超过了 3 万人,利润率

"凉山 DOU 是好风光"传播彝族火把节文化

上涨 285%。

2024 年 7 月，结合凉山彝族自治州火把节节点，"山里 DOU 是好风光"落地凉山彝族自治州，并举办抖音足球嘉年华赛事。活动联动百余位达人在凉山彝族自治州进行打卡拍摄，记录凉山彝族文化和当地美景美食。凉山彝族自治州文旅局数据显示，2024 年 7 月 28 日—8 月 4 日火把节期间，凉山彝族自治州全州共接待游客 502.84 万人次，同比增长 45.02%，旅游收入 47.06 亿元，同比增长 57.5%。抖音生活服务数据显示，凉山彝族自治州 2024 年 7 月乡村商家订单量环比上涨 39%，交易额环比增长 66%。

四、案例解析

（一）目标及思路

"看见"乡村好风光——宣传乡村文旅资源。以"宣传推介"为目标，抖音挖掘放大特色乡村文旅资源，助力提升乡村知名度美誉度。

"游购"乡村新消费——促进乡村文旅消费。以"交易转化"为目标，提供流量支持和能力提升培训，鼓励各行业经营主体以"短视频 + 直播 + 交易"的方式进行线上营销推广，宣传推介景区、民宿、休闲体验等乡村旅游产品和旅游线路。

（二）应用技术

依托平台精准分发技术，为文旅内容和潜在用户群体之间搭建桥梁。利用数字技术实现精准分发，将文旅推介短视频、直播等内容展示给热爱旅游的潜在用户群体，也让有文旅消费需求的用户群体发现特色景区、酒店。

依托 POI，为文旅主体提供线上经营数据分析。POI 又叫兴趣点，是物理世界真实存在的地点在线上的展示，上面可挂载文旅经营主体名称、地址、坐标、电话、营业时间、商品信息等。文旅主体在抖音生活服务开展线上经营，用户从"种草"到消费的全流程均依托 POI 进行。POI 为文旅主体提供线上经营数据分析，让其看到哪些内容、哪些产品受欢迎，从而及时调整短视频、直播内容策略、产品组合等。

江西婺源篁岭景区 POI 页面

（三）具体做法

1. 在乡村文旅宣传方面

抖音平台以短视频话题挑战赛、直播等内容玩法，以及极具感染力和现场感的内容形式，呈现美食美景、民俗文化等乡村特色元素。一方面平台基于精准分发技术将内容推荐给感兴趣的用户群体，另一方面文旅经营主体可以借助商业流量，将内容定向推荐给特定地域、年龄层、兴趣爱好的人群。

2. 在乡村文旅消费助力方面

"山里 DOU 是好风光"以文旅经营主体"数字化能力提升"为目标，通过短视频和直播运营、POI 页面运营、广告投放等方面培训，助力其提升数字化营销和运营能力，并通过流量扶持，助力在抖音新上线的文旅经营主体快速启动。

"广东 DOU 是好风光"乡村文旅助力行动启动会暨乡村文旅经营主体培训会

（四）资金情况

项目持续为文旅经营主体提供流量激励，为地方提供抖音开屏广告、搜索广告等资源。同时，"山里 DOU 是好风光"依托平台达人生态，邀约众多明星、达人进行实地打卡、联合推广，提升当地文旅知名度。

五、创新点

（一）宣传方式创新

以抖音为代表的数字平台，通过短视频、直播形式，能够直观、形象地展示地方文旅特色，感染力强，助力地方文旅"火爆出圈"。2023 年以来，"淄博烧烤""榕江'村超'""潮汕英歌舞""天水麻辣烫"在抖音竞相"出圈"。

"广东DOU是好风光"挖掘潮汕地区英歌舞，让乡村文化传承下去

（二）交易链路创新

依托抖音生活服务产品能力，在短视频和直播中挂载POI，展示旅游产品，帮助消费者在内容"种草"后，即时实现景区、酒店、线路等旅游产品的预订，帮助文旅经营主体大大提升"获客"效率，让产品找人更精准、人找产品更便捷。

"湖南DOU是好风光"项目中，德夯村矮寨奇观景区在2023年11月旅游淡季的交易额同比增长10余倍，德夯村在抖音的热度环比提升385%，让德夯村实现"淡季不淡"。

六、实操注意事项

（一）以地方资源为核心打造特色产品

对于地方、文旅景区来说，要充分挖掘自身差异点，打造区域特色名片。例如篁岭景区，典型徽派古建筑是其独有的文化特色。婺源县江湾镇政府与婺源县规划勘测设计院共同编制《江湾镇栗木坑村委会篁岭村整体搬迁安置规划》，篁岭景区在当地政府的指导下，在开发过程中，采取易地搬迁、古建筑"寄养"、古村风貌修复等多种措施对传统古建筑进行保护修缮，为古建筑的保护提供了模板。开发后，通过抖音等数字化平台传播其特有的徽派建筑和文化，吸引了全国各地的游客前来打卡。

（二）通过多样化内容运营方法提升热度、促进交易转化

好的产品还要有好的传播与销售渠道，文旅经营主体一方面可以在抖音打造官方账号、职人矩阵账号，建立专门的营销团队形成合力，形成共振效应；另一方面可以邀请不同地域达人打卡体验，拍摄视频进行内容传播，吸引全国各地游客。同时，借助"山里DOU是好风光"等扶持活动，提升线上营销能力，实现长效经营。还可以依托抖音生活服务产品功能，通过短视频挂载POI、直播带货等形式，进行线上传播到线下消费的有效转化。

【深入思考】

1. 在乡村文旅发展过程中，怎样有效解决文旅产品同质化明显、数字化运营能力弱、资源离散化、人才缺乏等方面的问题？

2. 如何统筹谋划"人、文、旅"三要素，通过挖掘乡村文旅资源、创新内容运营方法等，达到促进文旅消费、传播和弘扬乡村特色文化等社会效益和经济效益双赢目标？

文化引领，科技创新
豫园灯会的全球化发展之路

要点提示

上海豫园旅游商城（集团）股份有限公司（以下简称"豫园股份公司"）申报的"'文化＋科技'助推全球化豫园灯会 IP 打造"是依托数字沉浸技术的非遗艺术灯会，属于文旅营销类案例。本案例通过 AR、数字藏品、AIGC（人工智能生成内容）、裸眼 3D 等科技创新技术，深度挖掘民俗文化、江南文化、海派文化等，打造虚实交互的新商业、新文旅和新娱乐模式，为用户带来更丰富、更具个性化的消费体验，同时有效推动中华文化国际传播。

一、内容简介

豫园民俗艺术灯会（以下简称"豫园灯会"）自 1995 年由豫园股份公司在豫园地区举办以来，已连续成功举办 29 届。同时，"元宵节（豫园灯会）"于 2011 年被列入第三批国家级非物质文化遗产代表性项目名录，成为城市级地标文化项目，也是非遗项目"破圈"的成功案例。在上海市各政府部门，尤其是在黄浦区政府的支持指导下，豫园灯会自诞生伊始，逐渐发展成为具有全国性影响力的非遗艺术灯会之一。

2024 年，在中法建交 60 周年之际，豫园灯会成功"出海"，首站落地巴黎，点亮巴黎风情园，实现了法国巴黎、中国上海"双园双城"联动。

近年来，豫园灯会还不断加强数字化实践，打造豫园灯会元宇宙，通过数字人点灯、线上云游、AR扫码等方式实现线上线下灯会有机互联，为游园观灯游客提供了更多玩法。

每年新春佳节，豫园灯会都会在上海城市文旅地标——大豫园片区与公众见面，每年吸引超400万国内外游客赏灯游览，让游客体验非遗魅力、感受中国文化，成为新春期间公众在上海感受传统年味与东方美学交融的最佳体验场域。豫园灯会通过打造虚实交互的新商业、新文旅和新娱乐，让新老商业模式通过元宇宙相结合，建立了新的消费场景。

"云游山海奇豫记"小程序

二、项目背景

豫园，始建于明代嘉靖、万历年间，已有400余年历史，同始建于明代永乐年间的上海城隍庙及周边繁荣的商业市场一道，形成了上海老城厢"园、市、庙"共存的独特城市场景，诞生于此的豫园灯会同样历史悠久。

1990年，豫园股份公司的前身豫园商场在上海证券交易所挂牌上市，被誉为"中华商业第一股"。豫园、城隍庙一带因此进入崭新发展阶段，并于1994年对商业地块进行整体改建扩建，逐渐成为一个集历史、文化、珠宝、饮食、健康、创意于一体的豫园商城。

1995年，完成改建后的第一年，豫园股份公司组建了灯会筹备班子，配备专职人员，开始了一年一度的豫园民俗艺术灯会举办历程，在每年新春与元宵节期间举办灯会。十二生肖文化与新春年俗之间有着密切联系，因此豫园灯会在2023年癸卯兔年之前基本上都以生肖作为每年的展灯主题和布局格调。

自2023年起，豫园灯会开始更加注重主题性、体验感、仪式感和平台化的打造——以中国传统神话《山海经》为蓝本，以"山海奇豫记"为主题，集非遗艺术灯彩、沉浸式国风体验、线上数字化技术、线上线下趣味互动于一体，呈现一场文化大美的神话游历奇"豫"。2023年底，豫园股份公司将这一主题IP灯会带向海外，法国豫园灯会以"山海有灵"为主题，利用数字化手段呈现中国文化，与同期亮灯的2024上海豫园灯会遥相呼应。

1995—2023年豫园灯会

2024年中法豫园灯会

三、效益分析

（一）社会效益

1. "走出去""引进来"，展现大国外交缩影

2023 年、2024 年连续两届豫园灯会都迎来了大批驻沪领事官员及国际友人游园赏灯。2023 年兔年豫园灯会期间，来自 51 个国家 80 多位驻沪领事官员和海外企业家代表前往观灯。2024 年龙年豫园灯会举办法国主宾日及豫园游园赏春活动，活动邀请近 40 家驻沪领馆的领事官员及外籍友好人士，共计百余位嘉宾共游豫园商城。另外，法国豫园灯会举办期间，中国驻法国大使卢沙野、法国外交部前部长于贝尔·韦德里纳多次出席游览法国豫园灯会并讲话，同时在现场参与点灯仪式。

2. 以文化兴交流，向世界讲好中国故事

法国豫园灯会是庆祝中法建交 60 周年暨中法文旅年开幕活动，也被列为 2024 年中法双边合作中精品系列活动。同时，在上海市政府新闻办公室的支持下，法国豫园灯会也是 2024 年上海城市形象推广项目"奔流：从上海出发——全球人文对话"巴黎场预热活动，借用"奔流计划"这一平台，进一步推动上海城市形象海外宣传，共同推动中华文化"走出去"，扩大影响力，实现乘数效应。豫园灯会也多次获得各级殊荣，2024 法国豫园灯会入选 2023 年上海市"中华文化走出去"专项扶持资金项目，并获得上海市委宣传部颁发的 2023 年上海市"银鸽奖"最佳活动/案例。

3. 以品质获口碑，传播声量不断提升

2023 年、2024 年两届豫园灯会（包含法国豫园灯会）11 次获央视《新闻联播》报道，并连续 2 次在央视元宵晚会与观众见面；登上各类新媒体热搜 100 余次，被海内外媒体报道数量超 2 万篇；吸引外交部发言人、国家外宣平台、驻外机构和国内外主流媒体集体发声推荐，成为中国非遗海外"出圈"、向世界讲好中国故事的生动样板，成为代表"上海文化"的经典案例。2023 年豫园灯会传播声量超 38 亿，2024 年中法豫园灯会全球传播声量超 65 亿。

4. 以绿色创减排，深入贯彻环保理念

近年来，豫园灯会灯光装置全部采用 LED 灯制成，在兼具灯彩艺术性和观赏性的同时，有效节约能源消耗，践行节能减排，打造绿色灯会。此外，豫园灯会联手蚂蚁森林，共同推出"碳中和绿色灯会"，利用现代科技为传统亮灯仪式注入环保内核，彰显文化传承与创新共融的魅力。

（二）经济效益

2023 年、2024 年两届豫园灯会全球游客到访量超 820 万人次。其中，为期 72 天的法国豫园灯会共吸引了法国当地观灯者近 20 万人次，并创造约 200 万欧元销售佳绩。高峰时期，豫园灯会迎来了每小时 4000 人的超大流量，不得不启动限流措施，法方园长直呼："很多年没有见过这么大的客流！"两届本土的上海豫园灯会分别为期 52 天、40 天，门票及品牌赞助总计收获近 9000 万元，2024 年豫园灯会期间更带动豫园商圈 GMV（商品交易总额）超 5 亿元，同比提升超 50%。

四、案例解析

（一）目标及思路

第一，深度挖掘民俗文化、江南文化、海派文化，持续传承国家级非遗项目，将豫园灯会打造成为文、商、旅融合的城市文旅地标项目。

第二，延续豫园灯会"出海"，向世界传递东方生活美学魅力，让豫园灯会引领中华传统文化"走出去"的道路，使豫园灯会品牌更具国际影响力。

第三，夯实自主设计能力，不断融合现代数字技术，持续打造豫园灯会"山海奇豫记" IP，加强内容品质提升。

第四，满足现代游客多元化需求，提供更为沉浸式、更具文化性、更有可玩度的豫园灯会，丰富游客体验，提升口碑。

（二）应用技术

豫园灯会持续投入元宇宙超级场景的建设，通过 AR、数字藏品、AIGC、裸眼 3D 等科技创新技术，打造虚实交互的新商业、新文旅和新娱乐模式，为游客带来更丰富、更具个性化的消费体验。

（三）具体做法

1. 连续 2 年打造线上灯会，线上线下深度融合

将 AR 技术、实时互动 3D 灯谜等引入灯会，通过"云游山海奇豫记"小程序带来线上赏灯、虚实结合的用户体验。在线下，游客还可以在特定点位，通过 AR 扫码，体验虚拟与现实交融的灯会奇境。这也成为灯会期间各类文化内容的展示平台，各类营销活动的承载平台，提升各类营销活动的用户体验、提高客户转化率。2 年来，灯会期间 AR 慢直播总观看量超 1.4 亿人次，其中支付宝直播观看量达 8300 万人次，通过央广、央视、新华社全球平台转播观看量达 6000 万人次，通过元宇宙技术，达到了较好的传播效果。

线下 AR 扫码场景模拟

互动 3D 灯谜

2. 持续开发数字藏品

与鲸探数字藏品平台合作发行灯会《山海经》IP 的 2023 年"祥瑞白鹿"数字藏品及 2024 年"灵龙"数字藏品。2023 年，数字藏品 2 小时售罄，发行 1 万份，是当期鲸探销售最快的数字藏品。

3. 2024 年上海豫园灯会联合支付宝，呈现数字人点灯

通过亚运会开幕式同款数字人，呈现豫园灯会史上首个数字人亮灯。数字人突破物理空间，实现线上线下全面融合，彰显了数字时代与传统仪式的完美交融，整个活动还原了豫园灯会亮灯仪式的场景，让不在场的朋友可以线上"实景"体验点灯的乐趣。自 2024 年 1 月 15 日豫园灯会数字人点亮龙灯祈福活动开启以来，超百万人次通过支付宝点亮龙灯祈福、用 AR 扫码体验虚实结合的"山海奇豫"。

支付宝数字人点灯

4. 法国豫园灯会融合数字科技与东方美学

通过裸眼 3D 数字巨屏、AR 技术、H5（超文本标记语言）导览、AIGC 作品等为参观者展现了一幅幅超越时空、如梦似幻、栩栩如生的上古东方画

卷。文化与科技的相融共生，无疑将催生数字文化新表达：法国豫园灯会向世界展示了中国科技创新成果，同时让海外民众更直观地感受到中国文化的源远流长。

（四）资金情况

豫园股份公司出资完成豫园灯会项目的整体运营，包含设计规划及实施运营全阶段工作费用成本。2023 年豫园灯会项目总投资超 3000 万元人民币；2024 年上海豫园灯会总投资超 3500 万元人民币，法国豫园灯会的总体成本超 1000 万元人民币。

法国豫园灯会神兽裸眼 3D 巨屏

五、创新点

（一）内容创新

传承文化遗产，构建豫园灯会 IP。近 30 年来，豫园灯会在继承传统灯会的基础上力求创新，使传统节庆焕发出新光彩，既是对珍贵传统的继承，更为重建城市文化脉络、整合历史文化精神提供了一个新平台。自 2023 年开始，豫园灯会秉承上海老城厢文化和历史脉络，以《山海经》为蓝本，以"山海奇豫记"为主题，集非遗灯彩、沉浸式国风体验、线上线下趣味互动于一体，打造一场文化大美的新春灯会。同时，豫园灯会充分融合了民俗文化、海派文化、江南文化，以独树一帜的创新灯会模式，刷新市民游客对于非遗灯彩艺术的认知和体验。

（二）玩法创新

契合年轻群体感受，注重活动体验。豫园灯会通过内容形式的整体包装，推出极具中华传统文化特色的节日互动活动，为游客打造沉浸式游园体验。通过设置灯组与游客交互内容，场域内设置扫码体验点、NPC（非玩家角色）现场互动、亮灯仪式等，让市民游客不仅体验灯彩艺术带来的视觉享受，还能享受全方位、沉浸式国风互动体验，尤其引发年轻人对中华传统文化的喜爱。

（三）合作创新

IP 跨界联动，搭建文旅融合大平台。豫园灯会还肩负"文化平台搭建"的责任，携手各大文旅 IP 进行跨界合作，共襄盛举。2023 年豫园灯会期间，豫园股份公司与上海博物馆这一文化 IP 联袂，打造出让文博"活起来"的生动案例。此外，豫园股份公司更将眼光瞄准年轻人喜闻乐见的 IP，多次与上海迪士尼合作，特色灯组获得市民游客一致好评。

（四）技术创新

加强数字化实践，豫园灯会元宇宙雏形渐显。2023 年豫园灯会首次尝试同时举办线上线下灯会，并在 2024 年沿用这一形式，通过 AR 等数字化手段实现豫园灯会智慧化转型。2024 年豫园灯会所含的数字技术手段更加丰富，数字人点灯、中法两地线下场景中的 AR 扫码、裸眼 3D 等技术手段将有趣的文化内容更好地表现出来。

（五）形式创新

2024 年豫园灯会首次"出海"，实现法国巴黎、中国上海"双园双城"联袂互动，持续升级豫园灯会品牌的全球影响力。这是豫园灯会第一次走出国门，走向世界舞台。为期 72 天的法国豫园灯会，以"山海有灵"为题，山海相会于巴黎，中国故事实现文化"出海"，与上海豫园灯会形成呼应。九曲桥、湖心亭等也"惊现"巴黎，在巴黎风情园内上演了一场东西方美学交融的视觉与文化盛宴。春节期间，豫园灯会在上海和巴黎两地进行联动，共同欢庆中国年。

六、实操注意事项

（一）文化"出海"的意识形态管理

由于文化"出海"的特殊性及敏感性，在法国豫园灯会筹办期间，主办团队多次拜访文化和旅游部、上海市委宣传部等相关党政部门，为顺利获得在海外开展机会并得到较好的国内外社会反响打下了坚实的基础。

（二）灯组设计及内容创作

近年来，豫园灯会持续以《山海经》为故事蓝本，融合多元中华文化，积极以不同主题呈现豫园灯会故事。与此同时，自主设计覆盖 80% 的设计任务，并外协解决辅助性设计及深化设计需求。

（三）数字化技术应用

豫园灯会持续与支付宝的数字人、AR 等创新技术合作；AR 线下体验进一步优化，加强到店引流互动方式及权益；持续尝试新技术应用，如裸眼 3D、AIGC 等。

（四）大客流应对

豫园灯会期间，豫园商城内实时在园人数最多高达 7 万人，针对豫园商城国内外游客数量多、人群属性杂、交通繁忙的特征，每年豫园灯会都会设计最优观众动线，并提前培训工作人员、志愿者和安保队伍，做到对场地灯组和文化演出的最佳保护。

（五）运营及宣传

为了保障市民朋友安全和舒适的观灯游园体验，豫园灯会采取分时段售票入园方式。宣传方面，国内与海外同时发力，针对政府端、企业端、消费者端不同传播对象，分别设计不同侧重点的传播方案。

【深入思考】

1. 本案例在内容创新、玩法创新、合作创新、技术和形式创新方面，哪些模式或方法值得参考和推广？

2. 面对文化"出海"具有特殊性和敏感性，应如何防范化解意识形态方面可能存在的风险，同时做到讲好中国故事、传播好中国声音？

百度 App 寻找国宝计划：AI 赋彩数字人解锁文化遗产传承新体验

> **要点提示**
>
> 北京百度网讯科技有限公司（以下简称"百度"）申报的"百度 App·寻找国宝计划"依托百度数字人技术、沉浸式互动游戏技术及 AI 生成技术，打造适合全龄层体验的数字文博科普活动，属于文旅体验类案例。本案例技术应用场景为文物资源活化，针对博物馆设置游戏赛道，由现场采景、3D 绘制，复刻博物馆场景全貌，在赛道中选取代表性国宝进行展示，通过融合 AIGC、AI 真人智能体、3D 陀螺仪、游戏引擎等技术，收集与合成国宝等链路促进分享传播，游戏的同时了解我国珍贵文物知识，感受中华文化的博大精深与独特魅力。

一、内容简介

在中华人民共和国成立 75 周年之际，百度 App 发起"寻找国宝计划"活动，联合北京定陵博物馆、成都金沙遗址博物馆、云南省博物馆及中国考古博物馆，依托百度数字人技术、沉浸式互动游戏技术及 AI 生成技术，旨在打造适合全龄层体验的数字文博科普活动。

四大博物馆活动主视觉，以及专属皮肤与游戏入口

二、项目背景

习近平总书记强调，要合理利用文物资源，使文物"活起来"，从而增强全体人民振兴中华、实现中国梦的信心和决心。随着新时代文物工作的不断推进，科技不断赋能文化和旅游产业，百度App依托数字人技术、沉浸式互动游戏技术及AI生成技术，携手北京定陵博物馆、成都金沙遗址博物馆、云南省博物馆及中国考古博物馆，创新推出"寻找国宝计划"数字文旅活动。该活动旨在推动文物资源的活化和传承，以更加鲜活的形式将文物带入人们的日常生活，促进公众深入了解并热爱中华优秀传统文化。

三、效益分析

（一）社会效益

百度App作为以信息和知识为核心的综合性内容与服务平台，是网民获取中文信息主要的入口，截至2024年第2季度，月活跃用户已超过7亿。本项目在国庆期间，推动6亿流量参与寻找国宝互动，采用"短频快"的高效传播方式，推动国宝知识广泛传播。

（二）经济效益

本项目系百度为庆祝中华人民共和国成立75周年而特别策划的一项公益

献礼活动，其核心经济效益主要惠及 4 家合作博物馆，具体分配方案包含两大组成部分：首先，百度将采购各博物馆的衍生文创产品，作为参与寻宝活动的用户激励；其次，在活动圆满落幕之际，百度将根据用户参与度最高的游玩赛道，选定一家博物馆，通过专项公益基金的形式，资助该博物馆进行文物修复与保护工作。此外，百度将在本项目中投入高达 6 亿次曝光量的宣传推广资源，旨在提升公众对合作博物馆的认知度，同时激发民众前往博物馆参观的兴趣，进一步促进文旅行业的发展，并为相关地区创造更广泛的经济收益。

四、案例解析

（一）目标及思路

1. 活动背景与目标设定

在中华人民共和国成立 75 周年之际，以国宝级文物为线索，将寻找国宝作为引爆点，结合 AI 技术打造"发掘国宝 + 文旅探秘"系列活动，为祖国 75 华诞献礼。

2. 数字艺术技术的应用

活动通过利用数字艺术技术，如 3D 建模、虚拟场景等，模拟沉浸式博物馆环境，为用户提供了独特的文化体验。这种新颖的展示方式相较于传统的图文或视频资料，能够更有效地激发用户的好奇心与探索欲，促使用户主动去了解和学习文物背后的历史和文化。

3. 提升用户需求与时效性体验

注重用户的需求和时效体验，突破传统线下观览方式场域单一的局限，将线上云玩多场景多体验进行升级，提供兼具文化深度与趣味性的沉浸式传播活动，并邀请教育科研工作者蒙曼教授化身数字人为大家实时讲解国宝，满足不同用户的需求和期望。

4. 博物馆联动与文化拓展

联动国内 4 家知名博物馆，通过不同博物馆的专属入口和场景设计，用户可以接触到不同地域、不同时代的文物，从而拓宽文化视野。每家博物馆推选的更是镇馆藏品，不仅展示其历史价值，还帮助用户深入认识中华优秀传统文化。

（二）应用技术

创新性地将传统文化与 AIGC、AI 真人智能体、3D 陀螺仪、游戏引擎等技术相结合，利用数字艺术手段对博物馆的镇馆之宝和场馆特色进行视觉转化，打造了适用于移动端多媒体数字体验，并实现了传统文化与现代技术的深度互动。

AIGC 在文化创意方面的应用 运用 Midjourney、Stable Diffusion 等 AIGC 工具，展现博物馆的深厚历史与丰富文化特色。通过图像和场景创作，结合虚拟场景和动画的立体视觉，呈现三维动态的体验流程。

AI 真人智能体 通过打造蒙曼教授真人音容数字人，并将其植入活动直播宣传中，串联百度 App 端内外 AI 的数字互动，进一步提升用户对 AI 和传统文化的多维感知。

互动体验 项目引进 3D 陀螺仪、CCS（协调控制系统）游戏引擎，为不同博物馆定制沉浸式观览体验。

（三）具体做法

本项目针对 4 家博物馆设计 4 条游戏赛道，通过现场采景、3D 绘制等手

国宝地图／国宝首页／碎片收集机制／藏宝阁页面

段复刻博物馆场景全貌，在赛道中选取各博物馆的 11 个代表性国宝，以游戏方式开展藏品知识学习，通过收集与合成国宝等链路促进分享传播，让更多用户在游戏中了解我国珍贵的国宝级文物，感受中华文化的博大精深与独特魅力。具体做法如下。

1. 博物馆及文物展陈设计

本项目围绕博物馆和文物设置专属游戏关卡，通过场景设计、动画、旁白等形式讲述文物背后的故事，引导用户关注文物，宣传文物的历史价值，激发用户主动学习文化、传承知识的兴趣，通过这种沉浸式设计，增强用户在数字文物艺术之旅中的代入感和参与感。

2. 碎片背后的文化故事

每个国宝碎片都承载着守护国宝的重要属性。玩家在收集碎片的过程中了解文物的来龙去脉及背后的文化意义。这种寓教于乐的方式，使玩家在游戏中自然而然地接受文化熏陶、实现文化传承。

3. 碎片榜单的激烈竞争

游戏内设立的碎片榜单，鼓励玩家积极参与游戏，争夺排名前列的荣誉。这种竞争机制不仅可以激发玩家的斗志和参与度，还能让他们在游戏过程中深刻感受到守护国宝的责任与使命。通过不断努力和积累，玩家通过不断努力和积累，最终有机会获得象征荣誉的"国宝大奖"。

4. 碎片集成的国宝再现

当玩家成功收集到足够的国宝碎片后，便可合成完整的国宝明信片。这不仅是对玩家努力的认可，更是对国宝文物的致敬。用户可以将合成的国宝明信片分享至社交平台，与亲朋好友共享这份荣耀与喜悦。

5. 数字人直播间

本项目以蒙曼教授为原型打造数字人形象，通过深入浅出、生动有趣的讲解普及文博知识。蒙曼教授的数字人讲解，是文物知识与现代科技相结合的新尝试，既提升了用户的互动体验，又增强了文化传播的效果。

（四）资金情况

本项目的资金主要分为 3 个部分。一是百度的成本支出。项目团队规模涉及约百名专业技术研发、设计运管及支持部门人员。同时，百度投入了高达 14 亿曝光量的宣传推广资源，包括且不限于百度 App 开屏广告及各类横幅广告，旨在扩大项目影响力，覆盖更广泛人群，由于宣传推广的多样性和广泛性，该成本无法准确

游戏鸟瞰图

估算。二是文创周边奖品购置与名人数字人合作费用。资金预算支出约 40 万元，主要用于采购来自 4 家合作博物馆的文创产品，并支付数字人合作授权费用。该部分费用旨在提升用户的参与感和活动的互动性，增强活动的文化传播效果。三是用户运营的激励成本。本项目的用户激励成本超过 100 万元，主要用于为用户参与寻找国宝活动提供红包、奖品等激励措施，以及宣传推广等。这一成本用于增强用户参与度和活跃度，激励更多用户积极参与活动并分享文化知识。

五、创新点

1. 陀螺仪技术和跑酷游戏的融合

本项目通过陀螺仪实时检测设备角度变化，实现视角自然切换，突破了传统游戏中空间限制，极大增强了游戏的沉浸感。同时，结合触觉反馈系统，模拟真实触摸体验，进一步提升了互动真实感。陀螺仪技术还增强了空间感知能力，能够精准判断文物的位置与方向，实现更加自然的操作体验。

2. 线上游戏技术作为文化传播平台

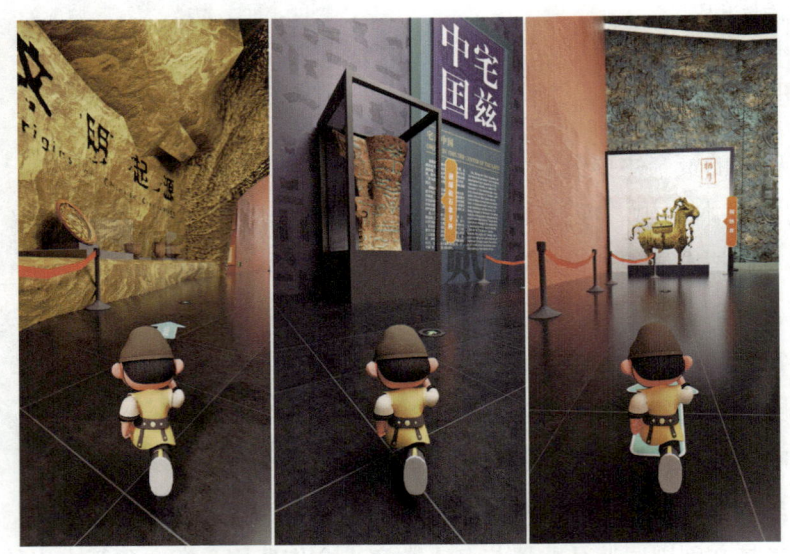

利用游戏引擎技术对博物馆进行 3D 场景重建

本项目融合前沿科技与文化创新传播，将博物馆深厚的历史底蕴融入游戏背景与关卡设计，通过故事化叙事增强玩家的沉浸感。结合各博物馆的特色设计了多样化关卡，挑战与乐趣并存。在独特的互动体验环节，用户与文物进行沉浸式互动，如浏览博物馆、收集碎片并守护国宝等。通过虚拟与现实的融合，打造沉浸式博物馆之旅，让用户身临其境感受文物的魅力。项目设计了文物碎片寻宝游戏，玩家在跑酷中收集国宝碎片，探索文物背后的故事，激发好奇心与探索欲。当玩家成功集齐所有碎片时，国宝明信片得以再现，玩家可分享成就，并参与碎片榜单竞争，感受守护国宝的责任与荣耀，最终有机会获得大奖，完成互动体验与文化传播的双重价值。

3. 动画格式 PAG[①] 的应用

通过 PAG 技术的应用，本项目为用户带来视觉与文化的双重盛宴。通过升级应用 PAG 动画格式技术，实现动效高效导出与跨平台应用，显著优化游戏体验。利用 PAG 技术精细化复原文物并进行动态展示，高清呈现国宝细节，

---

① PAG 是一种动画工作流解决方案。

营造沉浸体验；同时，设计精美的收集与合成动画，模拟穿越时空与文物近距离接触，激发用户兴趣。此外，项目优化了用户体验，提升了游戏的加载速度、流畅度及兼容性，确保交互无延迟；通过持续的性能监控与调优，即时反馈玩家操作，增强游戏成就感。

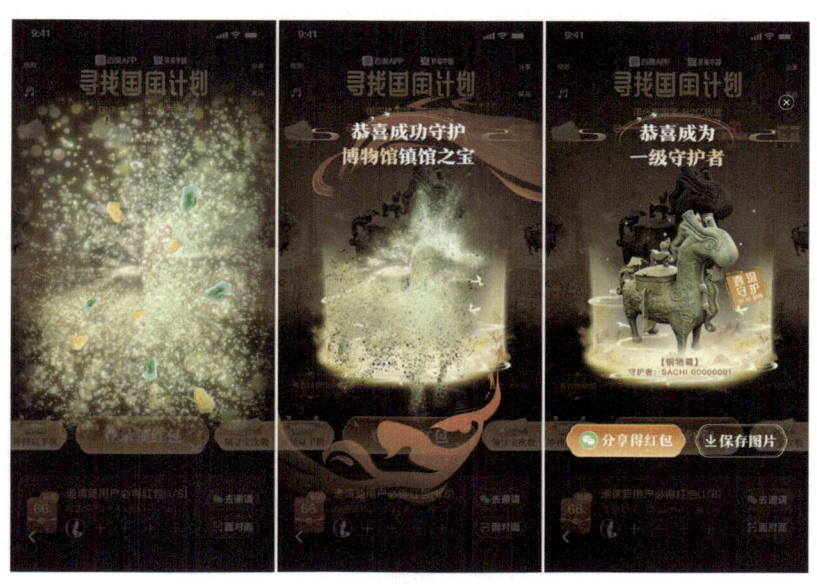

动态演绎文物合成效果

4. 蒙曼数字人的创建与应用

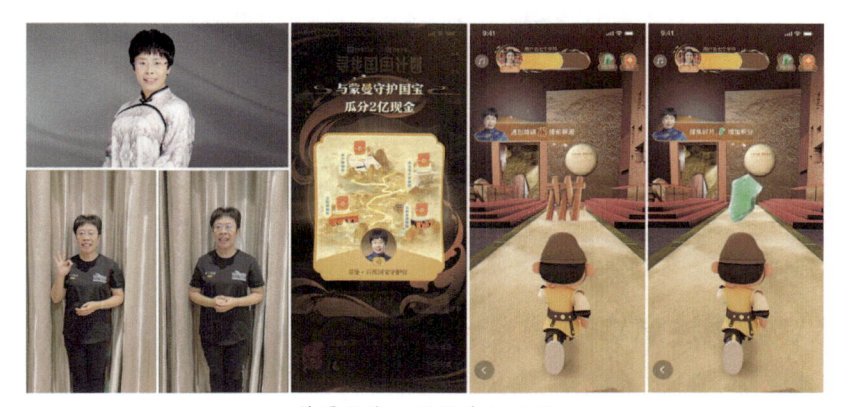

蒙曼数字人的创建与应用

邀请拥有深厚文化底蕴与广泛影响力的文化学者蒙曼教授，创建智能体数字人形象。通过百度先进数字人制作技术，精准还原蒙曼教授的表情、口型和语音合成，打造自然逼真的交互体验。蒙曼数字人在游戏中担任讲解员与陪伴角色，以生动有趣的方式呈现文旅解说，激发用户兴趣；同时，根据用户需求提供指引与鼓励，营造温馨和谐的游戏氛围。通过蒙曼数字人的应用，本项目实现了文物知识与现代科技的有效结合，为用户开启一场穿越时空的文化之旅，并为玩家提供了一位学习文物知识的良师益友及忠实游戏伙伴。

5. 游戏引擎体验升级

项目采用最新 three.js（基于 JavaScript 的 3D 程序）技术，对合作博物馆进行 3D 场景精细重建，营造真实的博物馆环境。通过引擎升级，实现性能优化与创意提升，确保游戏流畅运行，同时增强光影、材质及动画效果，带来逼真的沉浸体验，激发用户兴趣。

加速道具、撞击障碍物等即时反馈效果

六、实操注意事项

（一）技术融合与互动体验创新

在打造通过娱乐化互动让用户深入了解我国文化瑰宝的数字艺术体验时，

需巧妙融合 AIGC、3D、three.js 引擎等前沿技术，确保技术不仅能提升视觉震撼力，更能深刻传达文化内涵。技术作为连接传统与现代的桥梁，让用户在数字技术中体验文化传承的魅力。同时，要保持技术的灵活性与适应性，避免技术堆砌，确保互动体验的自然流畅。

文物藏品、智能导视系统

（二）场景构建与环境适应性

游戏中的 3D 场景重建，营造真实博物馆环境

鉴于活动以博物馆为背景，需深入调研各博物馆的独特环境与文化特色，利用 AIGC 等工具进行空间分析，确保虚拟场景既还原真实又富有创意。针对线上游戏特性，优化场景布局，确保用户在不同设备上的流畅体验。对于特殊文化元

素（如国宝细节、历史场景再现），采用 3D 建模与渲染技术，提升沉浸感。

（三）互动设备优化

针对游戏玩法（如摇晃手机控制移动），需优化活动算法，确保用户操作即时响应，提升游戏互动性。音效等亦需根据线上平台特性进行适配，打造沉浸式的视听盛宴。同时，针对游戏运营的稳定性建立维护与升级机制，确保用户体验始终如一。

（四）游戏机制与激励机制设计

复用以往经典游戏的成功模式，结合国宝收集元素，设计富有挑战性与趣味性的游戏关卡。通过摇晃手机控制、碎片收集、分享等多元化互动方式，

游戏中设立的碎片榜单，鼓励玩家积极参与游戏

激发用户参与热情。设置丰富的奖励体系，包括红包、国宝明信片、排行榜大奖等，增强用户成就感。利用碎片积分排行榜营造竞争氛围，设计合规的活动规则、奖品设置、反作弊手段，确保活动公平公正，促进用户间的互动与分享，扩大活动影响力。

（五）合作博物馆资源整合

与知名博物馆及公益机构建立深度合作，选择具有代表性的藏品，共同挖掘国宝背后的故事与文化价值，为游戏提供丰富素材与灵感。通过博物馆专属入口和奖励进度条的设计，增强用户对博物馆的认同感与探索欲。每家博物馆推选的国宝是游戏亮点，用户集成碎片后获得的国宝明信片不仅是游戏成果，更是文化传承的见证；支持分享功能进一步扩大了文化传播的广度与深度。

【深入思考】

1. 本案例融合前沿科技与文化创新传播，将线上游戏技术作为文化传播平台的创新做法，对新时代传承和弘扬中华优秀传统文化有什么启示？

2. 如何做好资源整合、前沿技术与国宝知识有机结合？如何进一步探索让文物"活起来"的模式和方法？

丽江智慧旅游：科技赋能，重塑文旅新生态

> **要点提示**
>
> 中国电信股份有限公司申报的"丽江智慧旅游"项目将大数据技术应用于智慧旅游城市建设，通过整合数据建立经济指标与管理指标的关联，形成了完整、高质的丽江文旅业态监管体系，属于文旅治理类案例。本案例应用场景为智慧旅游城市建设，在实现监管智能化的同时，通过在线预约、AI导览、智慧支付等功能提升旅游服务智慧化水平，进而提高游客满意度。

一、内容简介

应用大数据技术整合丽江市文化和旅游局信息系统内现有数据资源，通过融合丽江旅游经济数据与维护管理数据，建立消费数据、入住数据等经济指标与诚信评价、明厨亮灶等管理指标的关联，形成完整、高质的丽江文旅业态监管体系。将建设成果直接服务于游客，带动旅游市场消费，同时反哺平台，提高平台运营管理能力。

平台聚焦吃、住、行、游、购、娱等旅游要素，为游客提供导游导览、沉浸式体验等服务，实现旅游服务人性化；延伸30天无理由退货等"一部手机游云南"建设成果，实现旅游监管智能化，释放文化和旅游消费新动能，共享数字经济红利，实现经济业态优质化。

按照"政府主导、全域统筹、市场联动"的原则，基于大数据、云计算、人工智能、增强现实、虚拟现实、移动互联网等数字技术，实现文旅大数据一体化和跨行业的业务协同、数据赋能。

二、项目背景

丽江作为云南省的重要旅游城市，其独特的古城风貌和丰富多样的旅游资源吸引了众多游客的关注。然而，随着游客流量的不断增加，丽江出现旅游服务质量不稳定、资源浪费等问题。智慧旅游项目的建设为丽江提供了独特的机遇。通过整合城市管理信息系统、智能导览服务等创新技术，可以大幅提升旅游服务水平，改善游客体验，实现丽江旅游可持续发展和目标。

三、效益分析

（一）社会效益

1. 提升游客满意度

智慧旅游服务的提供，如 VR 实景预览、明厨亮灶直播、智慧停车场等，让游客在旅游过程中更加安心、省心、放心，提升了游客的满意度和获得感。

2. 保护文化遗产

遗产本体安全系统的建立，为丽江古城的古建筑提供了科学的监测和预警机制，保障了古建筑的原真性和完整性。智慧环保项目的实施，保护了丽江古城的水环境，维护了古城的生态平衡。

3. 促进社区和谐

智慧小镇的建设不仅提升了古城的管理水平和服务能力，还促进了社区居民的参与和互动，增强了社区凝聚力和居民归属感。

4. 推动文旅融合

实现文旅行业数据汇聚，解决文化和旅游产业融合发展不平衡不充分的问题，推动文化产业和旅游业营销方式的交叉渗透，促进旅游产品的销售模式及文化产品的消费方式的创新提升，提高文旅产品的健康可持续发展能力。

5. 提高行业监管水平

构建丽江旅游市场监管智慧化体系，提高行业监管水平。政府文旅部门统一规划指导，及时提供正确的发展方向，优化文化和旅游产业运营，监督商户合法合规运营，为市民、游客提供快速、专业的智慧化服务。

（二）经济效益

1. 提升旅游经济收入

智慧旅游平台通过提供在线预约、导游预约、AI 导览等功能，提升游客的旅游体验，吸引更多游客前来，促发游客在丽江多停留半天，可为丽江旅游市场增加 2.5 亿元产值收入。

2. 降低市场监管成本

智慧旅游运用大量非现场识别技术，如行程偏离预警、强制购物预警等，有效降低了基层执法部门执法成本，提高了旅游市场行业监管效率。

3. 刺激旅游业态与相关产业发展

智慧旅游平台的推广将刺激乡村农特产品、非遗产品、文创产品、旅游出行、酒店等关联产业的发展，进一步推动丽江旅游新业态的涌现及多元化发展。

四、案例解析

（一）目标及思路

通过科技创新，强化智能化、信息化建设，利用大数据、云计算、AI 等技术提升综合管理水平和游客体验。项目将拓宽宣传渠道，利用互联网和新媒体增强品牌影响力；优化营销模式，实现精准营销和个性化服务；创新综合服务平台，整合资源提供一站式服务。同时，加强行业监管，构建联动指挥机制，确保高效监管与应急响应。通过这些措施，促进丽江文化和旅游产业高质量发展，提升游客满意度与情感黏性。

（二）应用技术

本项目旨在通过集成并创新应用一系列前沿技术，构建一个高效、智能、用户友好的综合性平台。关键技术路线围绕以下几个核心领域展开。

1. 大数据技术

用于海量数据的收集、存储、处理与分析。通过分布式存储系统（如 Hadoop）和大数据分析框架（如 Spark），实现对数据的高效管理和深度挖掘，为决策支持和智能应用提供坚实的数据基础。

2. 数字人技术

结合 3D 建模、动作捕捉、实时渲染等技术，创建高度逼真的虚拟人物（数字人）。这些数字人可用于虚拟直播、教育培训、客户服务等多个领域。

3. VR/AR 技术

虚拟现实和增强现实技术为用户提供沉浸式体验。通过模拟真实的环境，增强用户的感知体验和交互趣味，在教育、娱乐、医疗等领域展现巨大潜力。

4. 微服务技术

采用微服务架构，将系统拆分为多个小型、独立的服务单元。每个服务单元负责单一功能，通过轻量级通信协议（如 HTTP）进行交互。这种架构提高了系统的可扩展性、可维护性和灵活性。

（三）具体做法

1. 文旅多场景智能监管

黑导游识别 利用先进的人脸识别技术，结合导游打卡制度，实现对导游身份的实时验证与跟踪。当系统识别到未经注册的导游（黑导游）时，会立即触发预警机制，有效遏制黑导游行为。

低价游识别　通过对接文旅协会官网数据，系统能够获取游线、票务价格等基准信息。基于人工智能算法，对旅行社发布的旅游产品进行价格比对，同时接收团客通过小程序上报的实际成交价格，实时进行低价游预警，保障游客权益。

强制购物识别　在大巴车内安装语音识别设备，对导游的讲解内容进行实时语义分析。系统能够识别出带有强制购物倾向的词汇，并结合大巴车轨迹信息，对异常停留点进行预警，有效遏制强制购物现象。

导游不良行为识别　利用大巴车内的语音拾音设备，系统对导游的言语进行实时监控，识别并预警导游辱骂游客等敏感行为，维护良好的旅游环境。

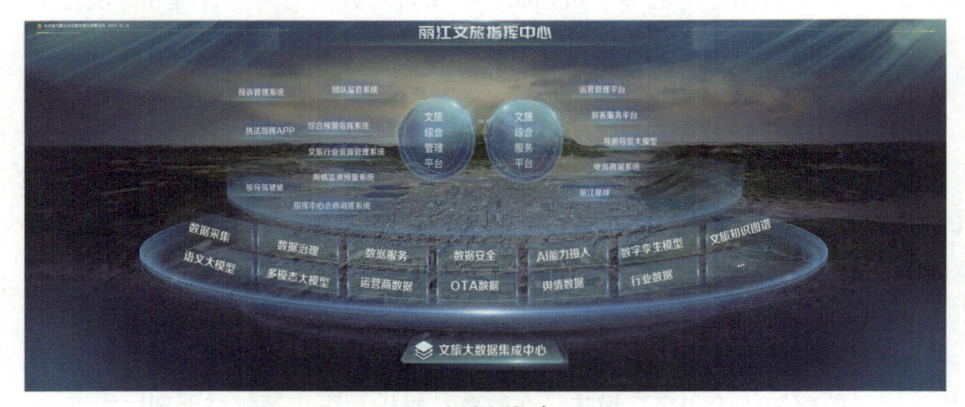

丽江文旅指挥中心

2. 多级联动的指挥管理体系

丽江古城接入了各类涉旅企业的物联传感设备，如消防、环境、水质监测器等，实现了对古城环境的全方位、实时监测。当系统检测到异常情况时，能够立即启动多级联动的应急响应机制，确保问题得到迅速解决。

3. 沉浸式文旅体验

利用 VR 和 AR 技术，为游客打造了丽江古城全方位的沉浸式旅游体验。游前，游客可以通过 VR 技术实现 720 度全景预览，了解景点详情；游中，

AR技术让游客在现实中体验到虚拟的文旅场景，结合游戏化的任务模式，提升了旅游的趣味性和互动性。

设计了线上线下相结合的AR体验打卡点和小游戏，游客可以通过智能手机快速参与互动，拍摄并分享自己的AR体验视频，增加了旅游的社交属性。

4. AI虚拟导游服务

AI虚拟导游基于语音识别、语义理解、语音合成、知识图谱等先进技术，打造具有丽江文旅特色的IP形象。它能够根据游客的需求提供个性化的路线规划、文旅知识问答、景点讲解等服务，成为游客的私人定制助理。

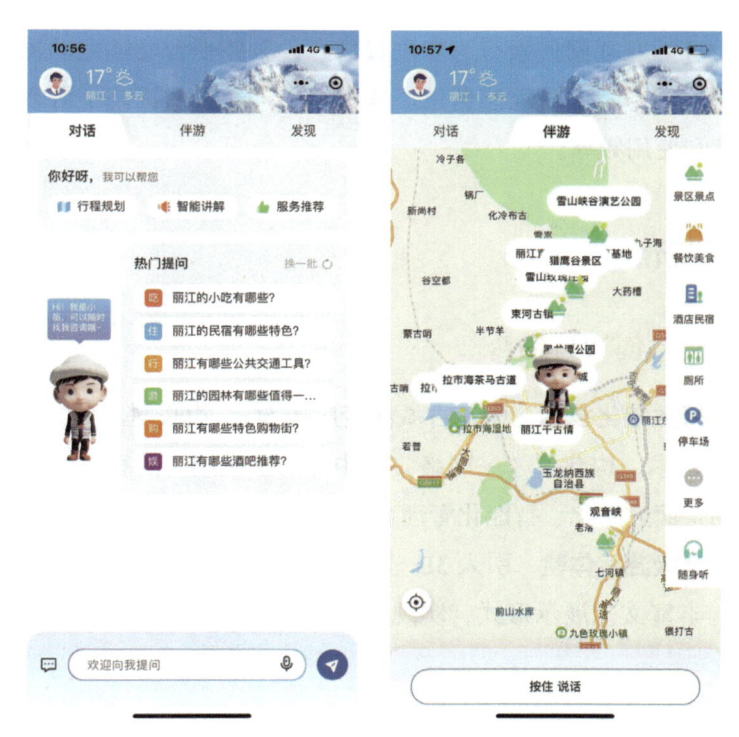

AI虚拟导游服务

5. 创新服务供给与监管

运用互联网思维推进导游和游客的双向撮合，利用市场化机制规范导游服务，减少无监管、无反馈的潜在问题，降低投诉率。

基于文旅区块链打造具有丽江 IP 的数字藏品，游客可以通过服务平台领取和购买，这些数字藏品具有唯一身份标识和收藏价值，同时也为服务平台带来了推广效应。

6. 适老化设计

考虑到老年游客的需求，服务平台采用了简洁、清晰的页面设计和简单的操作方式，确保老年人能够轻松使用。同时，提供了旅游咨询热线、退货咨询、人工客服等功能，为老年游客提供更加贴心的服务。

7. 无感推荐营销

基于游客的互联网搜索行为和位置信息，服务平台能够主动推送个性化的文旅咨询等服务，实现无感营销。这种精准推送方式提高了游客对服务平台的认知度和使用频率。

五、创新点

（一）技术创新与融合

深度应用数字化技术 丽江古城深度应用 5G、物联网、大数据、人工智能等数字化技术，构建了"一网络、一中心、N 应用"的智慧小镇框架，实现了古城的全面数字化、智能化管理。

以技术升级游客体验 引入 3D 建模、AR、VR 等先进技术，开发沉浸式体验产品，丰富文化展示形式，实现了传统文化的现代表达，增强了游客的体验感。

（二）管理创新

构建智慧管理体系 构建了综合管理、智慧服务、智慧旅游、智慧创新 4 个体系，通过信息化应用系统实现了行政执法、咨询投诉受理、准入证管理、民居修缮管理等业务的数字化，提高了管理效率。

创新治理模式 以物联网为切入点，形成技术领先、产城融合、多方参与、协同共治的新型治理模式，大幅提升了小镇危情预警与处置决策水平。

（三）服务创新

提升智慧旅游服务　依托"一部手机游云南"等线上平台，为游客提供全方位的旅游服务，如线上订餐、订位、VR实景预览、明厨亮灶直播等，提升了游客的旅游体验。

提供个性化服务　通过智慧支付、无人售货商店、智能急救站等多样化、智能化应用系统的建设，为游客和居民提供更加个性化和人性化的服务。

（四）遗产保护创新

遗产监测与保护　建成遗产本体安全系统，对古建筑进行实时监测和预警，确保文化遗产的安全。同时，利用大数据、AI技术等进行遗产监测与保护，实现了数字化治理。

智慧消防系统　针对丽江古城木结构建筑易失火的实际情况，建成智慧消防管理系统，通过前端感知设备实时监测消防栓压力、电线温度等情况，形成了隐患可见、火情可控的立体化全域感知防控体系。

六、实操注意事项

（一）技术选型与整合

技术先进性与适用性　确保选用的5G、物联网、大数据、人工智能等技术既先进又适合丽江古城的实际情况，避免技术堆砌和盲目追求最新技术而忽略实际效用。

系统兼容性　在构建智慧丽江系统时，要考虑各系统之间的兼容性和数据交换的顺畅性，确保不同系统能够无缝对接，形成整体合力。

（二）数据安全与隐私保护

数据加密与防护　对采集到的各类数据进行加密处理，防止数据泄露和非法访问。同时，建立完善的网络安全防护体系，抵御网络攻击和病毒入侵。

明确隐私政策 明确告知游客和居民关于数据收集、使用和存储的政策，确保个人隐私得到充分保护。

（三）管理机制与流程优化

明确责任分工 在数字化转型过程中，要明确各部门、各岗位的职责和权限，确保工作有序进行。同时，建立有效的沟通协调机制，促进部门间的协同合作。

优化业务流程 根据数字化转型的需求，对原有的业务流程进行优化和再造，提高工作效率和服务质量。同时，建立健全监督考核机制，确保各项措施得到有效执行。

（四）用户体验与反馈机制

注重用户体验 在设计和实施智慧旅游服务时，要注重用户体验，确保游客能够方便快捷地获取所需信息和服务。同时，要关注游客的反馈意见，及时改进和优化服务。

建立反馈机制 建立有效的游客反馈机制，鼓励游客提出意见和建议。对于游客的投诉和问题，要及时响应和处理，确保游客的合法权益得到保障。

（五）培训与人才建设

加强人员培训 对参与数字化转型的工作人员进行专业培训，提高其数字技能和业务能力。同时，要加强与高校、研究机构的合作，引进和培养专业人才。

建立激励机制 建立有效的激励机制，鼓励工作人员积极投身数字化转型工作。对于表现突出的个人和团队给予表彰和奖励，激发其工作热情和创造力。

（六）可持续发展与长期规划

注重可持续发展 在数字化转型过程中要注重可持续发展，确保各项措施符合环保、节能等要求。同时，要加强与周边社区和居民的沟通合作，实现共同发展。

制定长期规划　根据丽江古城的实际情况和发展需求制定长期规划，明确数字化转型的目标和步骤。同时，要关注行业动态和技术发展趋势，及时调整和优化规划内容。

【深入思考】

1. 本案例是如何运用数字化技术实现对旅游全面数字化、智能化管理的？

2. 如何运用数字化技术更好地衔接管理与服务，全面提升社会效益、管理效益和经济效益？

植物奇妙夜

——打造沉浸式温室夜游体验

> **要点提示**
>
> 上海红土视觉科技有限公司申报的"世博文化公园上海温室花园夜间数字景观"运用数字沉浸技术实施景区数字化升级,通过打造数字化沉浸式体验场景,突破传统温室纯植物景观展示与观赏的体验方式,属于文旅体验类案例。本案例应用场景为景区数字化升级,是自然生态、文化艺术、数字技术融合的新型文旅模式的创新实践。

一、内容简介

上海温室花园位于世博文化公园内,是由原上海第三钢铁厂(上钢三厂)老厂房改造建设而成的世界级一流展览温室。其夜间数字景观以展览温室景观为基础,通过数字化沉浸式体验场景打造,实现传统景区向新型文旅模式的转型升级,对上海城市理念创新实践区与生态文化功能区的深度打造,有良好的促进作用。

项目以上海温室花园独一无二的植物景观为核心,结合其生态文化与自然语境,运用数字影像、灯光及特效灯光、声效、水雾等手段,以及AIGC、三维扫描建模、3D Mapping(三维投影映射)、多媒体影像、交互与灯光联动演绎控制等光影技术,以真实珍稀植物和景观场景为"画布",突破多专业融合、技术实施的难点挑战，讲述白天看不到的植物故事，打造好看、好玩的沉浸式温室夜游体验，既是上海城市可持续生态发展理念与"城市，让生活更美好"世博理念的生动体现，又是生态、科技、文化、艺术融合的新型文旅模式的创新实践。

二、项目背景

世博文化公园中心地处黄浦江核心滨水区凸岸，该区域作为 2010 年上海世博会的举办地，是上海新时期实现跨越式发展的重要生态文化功能区，是黄浦江核心滨水区特色鲜明、活跃共享的大型开放绿地，城市老工业基地，创新驱动和转型发展践行区，全新生态型和智慧型公园建设理念实践区。

上海温室花园位于世博文化公园中心位置，是其标志性建筑之一与重要功能组成部分。通过对原上钢三厂老厂房改造利用，上海温室花园突破传统的温室植物景观展示方式和科普介绍牌讲解方式，打造了一个好看、好玩的城市生态艺术科技综合体，呈现了优质的夜间数字景观与夜游体验。

三、效益分析

（一）社会效益

第一，融合科技手段，针对特有的植物景观与生态内容，运用数字技术，打造独特的沉浸式体验的生态文旅产品，推动生态艺术旅游业态创新实践，提升城市形象。

第二，践行可持续生态发展理念，提升城市生活综合品质。结合自然生态与文化内涵，运用科技手段与视觉艺术，打造好看、好玩的沉浸式温室夜游体验，内容的可更新迭代性使夜游体验具有可持续生命力。

第三，实现生态自然教育的价值意义。通过体验教育，重塑植物美学，借助故事演绎、多感官调动，使大众沉浸式感受植物的智慧、自然的共融、生命的延续，是公众认知植物、贴近自然的创新方式，也是弘扬生态理念的有效举措。

（二）经济效益

上海温室花园为世博文化公园收费项目区域，夜间数字景观的打造，创造形成了与日间游览完全差异化的体验，增加了夜间运营内容与时长。

项目设备建设与数字技术运用为多样化运营场景提供了可延展性，如重要节日/事件运营、IP联名、各类定制活动等，可进行多种收入模式创新。通过全天候开放，在促进城市形象塑造的同时，形成新的经济增长点。

四、案例解析

（一）目标及思路

第一，以上海温室花园自身独特的珍稀植物及生境景观为核心，对科普内容及艺术元素进行创作与呈现，挖掘自然与生命的智慧、共生共融的生态内涵。

第二，融合生态理念、植物景观艺术、自然科普、数字技术等跨领域专业进行整体创意策划设计。针对由非常规、独特的空间结构、植物、景观、艺术装置等复合元素组成的温室载体，综合运用数字影像、交互、灯光、声音等联动演绎，讲述奇特的植物故事，打造独特的沉浸式体验，实现数字要素与植物景观的跨界融合。

第三，注重游客体验与需求。在具体内容、体验层次、夜游路线、演绎方式、感官调动的策划设计上，充分考虑体验逻辑，提供完整情绪体验；在内容设定、视觉艺术、氛围呈现上，根据主要目标群体特点，兼顾不同年龄段游客需求。

第四，针对温室类型项目再升级。突破传统的温室植物景观展示方式和科普介绍牌讲解方式，打造艺术化、场景化、可视化、戏剧化的沉浸式温室体验。

第五，在策划设计时考虑未来运营。从运营方式、打卡传播、内容更新迭代与延展性等方面，打造温室多样化运营场景的扩展性，使温室空间具有持续生命力。

（二）应用技术

创新性融合运用多种光影技术，通过 50 台投影、各类灯光与特效灯光、交互设备等技术载体，以及由植物、水雾、瀑布、艺术装置等元素组成的景观空间载体，对上海温室花园各馆生态主题进行数字化的创意呈现与演绎，打造沉浸式体验。

AIGC 在内容挖掘和视觉风格设定过程中，通过 AI 技术快速挖掘内容资料、提供概念风格参考，提高创意创作效率。

三维扫描建模 有别于常规多媒体项目，植物与景观等演绎载体具有独特性、非规则性、表面复杂性，投影安装点位及光路环境复杂，数字影像视觉的创作、转化及与载体的融合技术难度大。利用无人机三维扫描建模，将特定演绎点位的植物与景观生成三维模型，进行数字影像制作与测试。

3D Mapping 将三维影像投影叠加融合到真实的植物与景观形态上，通过数字影像元素、动态视觉效果演绎，赋予原本静态的植物景观以故事性、戏剧性，形成艺术化、视觉化的沉浸式光影场景。

算法生成视觉艺术 根据部分点位特点，运用算法生成流水、花朵、粒子等视觉表现方式，丰富视觉与体验效果。

多媒体影像、交互与灯光联动演绎控制 通过多媒体影像、交互与灯光联动演绎编程技术，调度各种光影元素进行戏剧化演绎，打造奇幻生动的夜间景观，实现多感官沉浸体验。

（三）具体做法

1. 整体内容策划与设计方面

以上海温室公园独特的珍稀植物与植物景观为核心，紧扣 3 个馆内各自的生态环境与自然语境，进行内容策划及整体视觉、氛围基调与体验逻辑等的设定，使 3 个馆各有特色又互为整体。

夜游设计分为 4 个体验层次，包括核心主秀、主题演绎、氛围体验和场景过渡，以场景体验为主、互动为辅，搭配轻剧情与角色串联，形成游览过程中的沉浸体验及情绪变化。根据不同点位、不同体验目标和体验设计，结合以不同要素，核心主秀与主题演绎以投影影像为主，不同程度结合音乐声效、互动、灯光、艺术装置等元素联动演绎，重点诠释各馆不同主题与生态内容；氛围体验和场景过渡以灯光为主，不同程度结合音乐声效、空间结构，部分点位运用特效灯光模拟雨林雷电交加等自然生态景象，塑造植物本身及不同的生境场景氛围。

通过灯光、投影影像创造的场景、氛围与艺术视觉呈现，影像内容可视化诠释的主题与植物知识，以及串联起的沉浸式场景体验与互动，打造好看、好玩的沉浸式温室夜游体验。

1号馆海市沙洲的夜间氛围

1号馆海市沙洲的"沙漠水库"主题演绎 　　1号馆海市沙洲的"柱子丛林"主题演绎

1号馆海市沙洲的"星空派对"核心主秀

2号馆云上森林的"共融之美"核心主秀

2号馆云上森林的"水雾光帘"/"炫光雨夜"氛围体验

2号馆云上森林的"能量传递"主题演绎

3号馆云雾峡谷的"花瀑漂流"主题演绎    3号馆云雾峡谷的夜间氛围

3号馆云雾峡谷的"空中花柱+花路迷踪"主题演绎

植物奇妙夜 | 85

3号馆云雾峡谷的"花海新生"核心主秀

2. 技术创新方面

项目基于整体策划创造性地在16000多平方米的温室景观空间中，以特有珍稀植物、景观及空间构造为"画布"，整合运用前述多种光影技术，通过50台投影、上千套灯光及特效灯光，与珍稀植物、景观、水雾、瀑布、艺术装置作不同组合呈现，打造独特的沉浸式温室夜游体验生态文旅产品；以生态理念、生态文化为内容，以艺术创意与科技表达为手段，形成相互融合的沉浸体验式文旅创新模式。

3. 数字视觉与体验方面

在点、线、面各层次上把控数字视觉呈现与体验效果。点上，在各点位上借助灯光和投影影像，丰富植物景观造型感、多彩性与变化性，让其在夜间呈现独特美感；以可视化的光影视效呈现虚拟动物与植物共生共融的场景内容，展现植物与自然背后的智慧，让游客获得与日间游览及现实生活中不同的感官体验；各分馆通过整体光影色调、氛围把握，让游客直观体验不同主题生境感受。线上，通过对各点位有节奏的串联，使游客获得跌宕起伏的情绪与游览体验。面上，鉴于上海温室花园通体玻璃的建筑形态，夜间数字景观不仅打造室内的沉浸体验，在世博文化公园，甚至卢浦大桥等公共视角中，也作为区域整体景观呈现，关注更大尺度上的视觉与体验效果把握。

世博文化公园中心湖对岸视角

上海温室花园室外星光草坪视角

4. 数字要素转化方面

项目在以下四个方面都做了突破性的探索实践。

一是设备安装与隐藏挑战大。鉴于要维持日间景观的完整、美观，多媒体设备需隐藏起来。50 台投影及防护箱体积大且重，并有物理光路需求，而现场景观环境复杂、边界条件多，需经反复踏勘和电脑三维模拟来确定点位，登高实施安装及测试调整；投影及音响设备需依据周围景观进行隐藏；灯光效果要求见光不见灯，避免眩光，需现场逐项调整16000多平方米的复杂景观空间中的上千套灯光装置，把控灯光角度与效果细节。

二是对不同载体视觉效果的设定与把控挑战大。不同植物与景观作为视觉呈现载体，光影在其上的效果各有不同，需现场反复测试，兼顾视觉效果、内容适宜性及整体效果融合度。

三是多媒体影像、交互与灯光联动演绎控制的跨界实践。区别于传统多媒体秀、景观灯光、灯光秀，项目将影像演绎、交互、景观灯光、灯光秀相结合以进行沉浸式温室夜游体验的戏剧化演绎，在各种要素的编排调度、视觉效果与体验的把控、控制编程、技术路径、基础条件实施部署等方面都是突破性的探索实践。

四是跨专业结合的挑战。建筑空间结构、植物景观、雾森、瀑布、艺术装置与多媒体、灯光一起成为沉浸式体验的创作元素，需在创作、效果把控与交叉实施上融合多个专业，是夜游体验打造的创新实践。

（四）资金情况

本项目资金来自国有企业，充分体现了政府及企业对城市可持续生态、文化和旅游产业创新发展的重视与支持，有助于推动生态、文化、科技、艺术深度融合，打造独特的生态文旅产品。

五、创新点

（一）设计创新

本项目以上海温室公园独一无二的植物景观为基础，运用多媒体光影，以真实的珍稀植物和景观场景为"画布"，打造一个具有生命力的夜间景观，与其他单纯展示声光电及视觉效果的夜游项目不同。

结合运营需求做项目设计，包括运营方式、参观体验方式、打卡传播场景、设备与技术运用等在未来运营的可更新、可扩展性，为多样化运营场景延展提供可能，使温室空间具有持续生命力。

（二）技术创新

项目创意性综合运用 AIGC、三维扫描建模、3D Mapping、算法生成视觉、多媒体影像、交互与灯光联动演绎等光影技术，通过 50 台投影、上千套各类灯光及特效灯光、交互设备等技术载体，以及由植物、水雾、瀑布、艺术装置等组成的空间及景观载体，调度各种光影元素进行戏剧性演绎，对上海温室花园各馆生态主题进行数字化的创意呈现，打造奇幻生动、沉浸的夜间景观，实现多感官的沉浸体验。

（三）流程创新

设计持续跟进实施过程。因项目涉及建筑、植物、塑石等不同专业，植物选苗的不确定性，以及景观造景的现场艺术创作，实施过程中存在大量变数，有别于常规项目可严格按图实施的工作方式，设计需持续跟进现场各专业实施情况，边实施边创作。

创作过程反复实验，场外场内交叉推进。基于项目场景的多样性和呈现载体的特殊性，现场景观尚未实施时，在设备选型方面，团队在上海植物园利用相似植物景观进行多设备实测比对；在灯光效果把控方面，团队多次赴上海辰山植物园展览温室选取相似植物进行灯光效果实验；在视觉风格设定与数字内容开发制作方面，搭建绿植模拟环境，及时反馈把握视觉效果。在现场景观实施过程中及完成后，持续现场测试，推进实施制作与现场景观融合。

（四）运营创新

项目夜间景观的打造，创造了与日间游览完全不同的体验，为上海温室花园增加了夜间运营的内容，延长了运营时段，从而形成夜间营收；项目设备建设与数字技术运用也为多样化运营场景提供了可延展性，如重要节日／事件运营、IP 联名、各类定制活动，可进行多种收入模式创新。

六、实操注意事项

（一）技术的融合与应用

综合运用前述多种光影技术时，需结合不同场景与内容特点灵活选用与整合，技术手段应为内容的创作与呈现服务。

（二）实施环境调研与分析

景观类项目涉及环境变量较多，多专业交叉实施，对设备的安装隐藏也有较高要求，实施前需充分踏勘调研，分析项目环境，制定针对性方案；实施中需密切跟进，分析现场进度与变化，及时与不同专业工作人员交流沟通，做好环节衔接，根据现场状态，及时跟进复核设备安装方案、灯光效果方案，进行必要的测试、调整与优化，同时控制可操作性与成本；在管线实施阶段，根据实施过程中的动态调整需求及未来运营扩展性需求做出一定量的预留。

（三）设备选型与调试

景观类项目涉及的环境变量、边界、载体元素复杂，对设备的安装隐藏有较高要求。

投影设备选型，需充分考虑场地环境、视效需求、隐藏要求、物理边界、成本及后续运维，对关键设备进行特殊载体测试对比，针对具体点位的光路、照度等技术方案进行三维模拟测试，同时及时跟进现场景观实施状态，反复复核、优化与确认。

多媒体设备安装调试，需根据环境特殊情况，充分考虑防护、隐藏、高处安装固定安全性、稳定性及后续运维，并结合内容进行充分调试。

灯光设备选型与调试，需根据场景效果需求，结合植物景观、各类造景，进行反复模拟、效果实验与测试；密切跟进现场景观实施情况，动态优化灯具选型与布置方案，并为安装调试做好一定的预留量。

（四）内容创作与呈现

沉浸式夜间景观的内容创作需围绕温室主题与生态自然文化内核做深入挖掘。

在整体游线与演绎点位内容创作上，各种光影元素、技术与植物、景观、空间、水雾、瀑布、艺术装置演绎的调度，需从游客情绪体验出发，为主题与内容呈现服务；具体操作上，可通过体验脚本设计把控完整夜游路线与点位，通过演绎脚本设计把控演绎点位的多媒体影像、交互、灯光、声效与艺术装置等联动演绎和调度。

在具体视觉呈现与效果把控上，需基于实际景观与场景进行创作与测试，注重融合性与沉浸性。

（五）运营管理与市场推广

策划设计环节。结合运营需求，充分考虑游览路线、组织方式、打卡传播内容设置、基础设备设施在未来运营的扩展性、内容的可更新性、文创衍生品拓展等方面因素，可通过门票、文创产品、主题活动等多种方式形成收入来源。

项目运营环节。进行日间与夜间差异化管理，包括游览路线、体验流程，并配合相应管理措施与预案。

市场推广方面。可发挥自媒体、社交媒体等新媒体传播力和影响力，吸引更多游客前来体验。

（六）项目持续创新与优化

需充分考虑持续创新与优化，数字化夜间景观本身具有内容可更新迭代的优势，可结合不同节日、主题活动、事件、IP、运营需求等进行持续创新，以及内容与场景氛围更新，形成具有持续生命力的沉浸式夜间体验。

【深入思考】

    1. 本项目在提高游客情绪体验上做了哪些努力，哪些方面具有可推广性？

    2. 如何提高沉浸式体验类项目的可持续性，需要注意哪些方面？

智能防控新利器：顶流博物馆如何巧妙遏制"黄牛"现象

> **要点提示**
>
> 腾讯云计算（北京）有限责任公司申报的"顶流博物馆AI风控引擎防'黄牛'产品应用"将大数据技术用于市场监督管理，属于文旅治理类案例。本案例依托可信设备标识、智能风控引擎、AI算法模型等技术，建立了集流量、账号、设备于一体的风控体系，以毫秒级速度对预约用户进行风险识别，实现对"黄牛"的实时甄别。

一、内容简介

随着"博物馆热"的持续升温，博物馆成为"黄牛"倒卖门票的重灾区。特别是在寒暑假、节假日等旅游高峰期，热门博物馆的门票往往供不应求，"黄牛"便趁机利用技术优势或人海战术，大量抢购门票并高价倒卖，导致普通游客难以通过正规渠道预约到门票。某顶流博物馆依托可信设备标识、智能风控引擎、AI算法模型等技术，建立了集流量、账号、设备于一体的风控体系，实时甄别"黄牛"，以毫秒级速度对预约用户进行风险识别，给出判断结果。

二、项目背景

作为中华文化的瑰宝殿堂，该顶流博物馆汇聚了数以百万计的珍贵文物，它们不仅是中国古代文明的见证，更是中华民族历史与文化的独特载体。尤其是暑假期间，不少游客反映该顶流博物馆门票一票难求，每天放票"秒没"。

为了缓解购票难，该顶流博物馆启用了毫秒级识别的风控引擎，按正常、审核和风险分辨客源。在购票前、中、后三个阶段，系统使用纵深防御技术手段实时甄别"黄牛"，以毫秒级速度对预约用户进行风险识别，并给出判断结果。这主要依托由可信设备标识、智能风控引擎、AI算法模型等技术建立起的集流量、账号、设备于一体的风控体系。目前，该体系主要采取 5 种策略类型，包含请求伪造识别、恶意操作行为识别、智能动态风险画像、关联票务逻辑的风控策略、动态名单等，防范"黄牛"使用自动脚本方式进行大规模机器抢票。

该顶流博物馆持续优化现有线上预约系统的防控效能。系统通过脚本探测和一系列算法从在线预约行为中识别并拦截"黄牛"行为，遏制恶意抢票，使大部分观众能够经正常途径预约到门票，保障了门票预约的公平性。

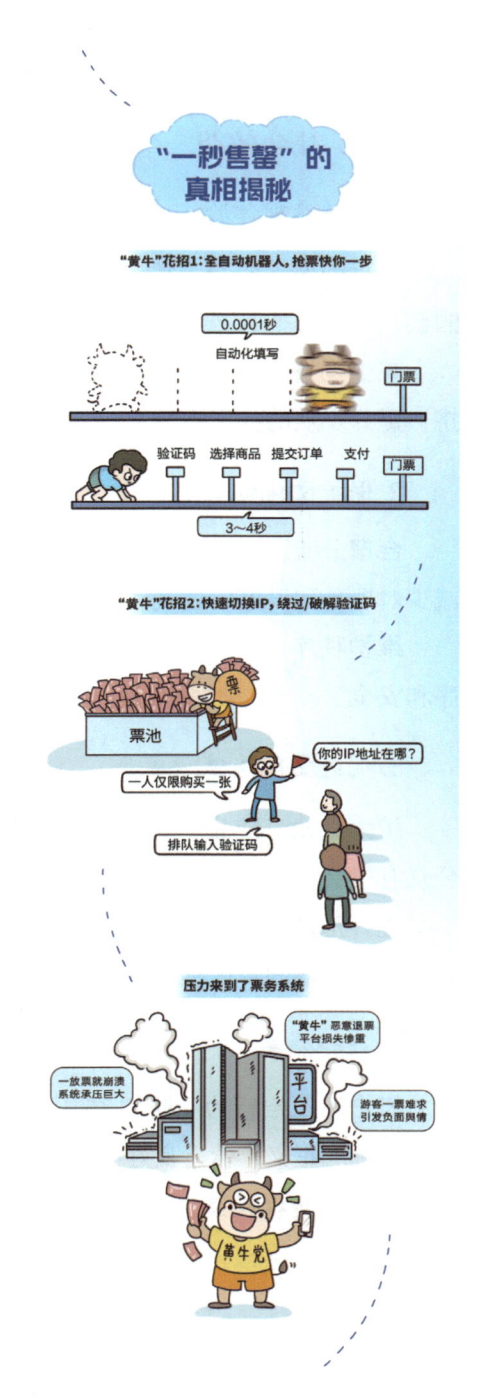

博物馆门票"一秒售罄"的真相揭秘

三、效益分析

（一）社会效益

1. 提升参观体验

公平购票　防止"黄牛"囤票、抬价，确保每位观众都能以合理的价格购票，享受公平的购票机会。

减少拥挤　有效控制参观人数，避免因"黄牛"大量囤票导致的过度拥挤，提升观众的参观体验。

2. 保护文化资源

合理分流　通过防"黄牛"措施，博物馆可以更好地控制每日参观人数，减少对展品和设施的过度使用和损耗，延长文化资源的使用寿命。

维护秩序　防止"黄牛"扰乱购票秩序，确保博物馆的运营环境更加有序和安全。

3. 促进文化传播

扩大受众　防止"黄牛"垄断票源，使更多对文化和历史真正感兴趣的公众有机会参观博物馆，促进文化知识的传播和普及。

提升形象　博物馆通过实施防"黄牛"措施，展示其对公众利益的重视和对文化传播的责任感，提升其社会形象和公信力。

4. 社会公平

打击不正当行为　防"黄牛"措施有助于打击不正当的商业行为，维护社会公平和正义，营造良好的社会风气。

保护消费者权益　防止消费者因"黄牛"行为而遭受经济损失，保护消费者的合法权益。

5. 技术进步

推动技术应用　防"黄牛"措施通常涉及先进的技术手段，如大数据分析、人工智能、区块链等，有助于推动这些技术在文化领域的应用和发展。

提升管理水平 通过实施防"黄牛"措施，博物馆可以提升票务管理和运营管理水平，积累宝贵的管理经验。

6. 社会教育

增强公众意识 通过宣传防"黄牛"措施，增强公众对"黄牛"行为危害的认识，提高公众的法律意识和道德水平。

倡导文明参观 引导公众文明参观，遵守博物馆的规章制度，共同维护良好的参观环境。

（二）经济效益

1. 增加票务收入

防止抬高票价 "黄牛"通常会囤积门票并以高价转售，导致博物馆的票务收入被侵占。通过防"黄牛"措施，博物馆可以确保票务收入直接进入博物馆账户，避免"黄牛"赚取差价。

提高售票效率 防"黄牛"措施可以优化售票流程，提高售票效率，减少因"黄牛"囤票导致的票务系统负担，从而增加实际售票量。

2. 提升附加收入

增加二次消费 更多真实的参观者意味着更多的二次消费机会，如购买纪念品、餐饮、购买导览服务等。防"黄牛"措施使更多真正有兴趣的参观者进入博物馆，从而提升了附加收入。

会员和捐赠 真实的参观者更有可能成为博物馆的会员或捐赠者，增加博物馆的长期收入来源。

3. 优化资源配置

合理分流参观者 防"黄牛"措施可以帮助博物馆更好地控制每日参观人数，避免因过度拥挤导致的资源浪费和设施损耗，从而降低运营成本。

提升服务质量 通过防"黄牛"措施，博物馆可以更好地管理参观者流量，提升服务质量，减少因服务不周导致的投诉和损失。

4. 促进周边经济

带动相关产业　更多真实的参观者会带动博物馆周边的餐饮、住宿、交通等相关产业的发展，形成良好的经济生态。

增加就业机会　随着参观人数的增加，博物馆及其周边产业可能需要更多的工作人员，从而增加就业机会，带动地方经济发展。

5. 提升品牌价值

增强品牌形象　防"黄牛"措施展示了博物馆对公众利益的重视和对文化传播的责任感，提升了博物馆的品牌形象和公信力。这种良好的品牌形象可以吸引更多赞助和创造更多合作机会，增加博物馆的经济收益。

吸引更多游客　良好的品牌形象和参观体验可以吸引更多游客，特别是外地游客和国际游客，从而增加博物馆的门票收入和附加收入。

6. 降低法律和管理成本

减少法律纠纷　防"黄牛"措施可以减少因"黄牛"行为导致的法律纠纷和投诉，降低博物馆的法律风险和相关成本。

提升管理效率　通过技术手段防"黄牛"，可以提升博物馆的管理效率，减少人工成本和管理成本。

7. 推动技术投资回报

技术应用收益　防"黄牛"措施通常涉及先进的技术手段，如大数据分析、人工智能、区块链等。这些技术还可以在其他管理和运营环节中发挥作用，提升整体运营效率，从而带来更高的投资回报。

综上所述，博物馆实施防"黄牛"措施不仅有助于提升自身的运营效率和服务质量，还能带来广泛的社会效益和经济效益，促进文化传播和社会进步。

四、案例解析

（一）目标及思路

博物馆防"黄牛"的目标与思路需要综合考虑多方面因素，以确保措施的有效性和可持续性。

1. 目标

确保公平购票 防止"黄牛"囤票、抬价，保障每位观众都有公平的购票机会。
提升参观体验 控制参观人数，避免过度拥挤，提升观众的参观体验。
保护文化资源 合理分流观众，减少对展品和设施的过度使用和损耗。
增加经济效益 确保票务收入直接进入博物馆账户，增加实际收入。
维护社会公平 打击不正当的商业行为，维护社会公平和正义。

2. 思路

大数据分析 利用大数据分析购票行为，识别异常购票模式，及时采取措施。
流量端 对"黄牛"攻击进行识别或封禁，实现机身流量拦截，服务不卡、不崩、不宕机。
设备端 支持手机账号、微信号、QQ号、设备等各端口识别。利用可信设备标识和风控抵御，缓解来自移动App端的BOT（虚拟机器人）攻击。
核心业务层 为每位抢票账户进行风险打分，智能分配不同的"抢票门槛"，实时防御"黄牛"作恶，拦截率高，误伤率低。

通过以上目标与思路，博物馆可以有效防止"黄牛"行为，确保购票公平，提升参观体验，保护文化资源，增加经济效益，维护社会公平。

（二）应用技术

腾讯天御全栈式风控引擎基于先进的AI算法，将有监督的学习与无监督的学习结合，对黑产进行实时线上溯源追踪，以动态策略配合模型风控，实现分钟级、小时级、天级等不同策略级别，结合业务订单信息实时计算出最佳的防护策略，进行实时黑产对抗，对"黄牛"进行线上打击。

（三）具体做法

1. 补齐数据链，深入分析

需要把历史订单数据补齐，才能摸清"黄牛"的作恶链条。博物馆、腾讯公司、第三方开发公司，3个团队用了整整2天时间，"修补"历史月份的所有订单数据。腾讯安全的算法模型专家同步抽出正负样本，进行深度分析，制定进一步的防护策略。

2. 布阵陷阱，加固堡垒

配置基础的防护策略是必不可少的，例如限定每个账户买票的数量，拦截查询频次异常的账户，等等。同时，在售票小程序上埋下了设备指纹、蜜罐等层层陷阱，在后续的放票过程中"围猎黄牛"。为了防止"黄牛"对小程序安装包进行反编译，腾讯天御风控团队还对小程序进行了进一步加固。

3. 实时对抗，无所遁形

在与"黄牛"对抗的过程中，"黄牛"的手段也在不断升级。全栈式风控引擎根据业务订单信息及客户业务场景的变化实时计算出最佳的防护策略和模型，不断学习优化，让"黄牛"无所遁形。

（四）资金情况

项目所用产品为 SaaS（软件运营服务），采用预付费包年套餐的计费方式。当次数包用完后，若未购买新的次数包，超出次数会按照后付费价格区间表进行月结。购买次数包后，系统会在每个次数包使用总量超过当前次数包的套餐限额次数 80% 时，通过短信、站内信、邮件等方式提醒客户进行套餐调整升级，以满足客户业务需求。

五、创新点

1. 多层次身份验证

多因子认证 结合多种身份验证手段，如身份证验证、短信验证码、微信绑定等，确保购票者身份的真实性，增加了"黄牛"操作的难度。

动态身份验证 根据用户行为和风险评估，动态调整身份验证的严格程度，确保安全性和用户体验的平衡。

2. 智能行为分析

实时异常检测 利用机器学习和大数据分析技术，实时监控购票行为，识别异常购票模式，如短时间内大量购票、频繁更换设备购票等。

用户画像构建 通过大数据分析构建用户画像，识别潜在的"黄牛"行为，进行预警和干预。

3. 设备指纹技术

唯一设备识别 通过设备指纹技术，识别购票设备的唯一性，防止同一设备多次购票或频繁更换设备购票。

设备风险评估 对购票设备进行风险评估，识别高风险设备，采取相应的防控措施。

4. IP[①] 风控

动态 IP 监控 实时监控购票请求的 IP 地址，识别异常 IP，如短时间内大量购票的 IP。

IP 信誉评分 基于历史数据和行为分析，对 IP 地址进行信誉评分，动态调整防控策略。

5. 智能风控引擎

规则引擎 通过智能风控引擎，设定多种防控规则，如限购规则、购票频率限制等，自动识别和阻止异常购票行为。

自学习模型 利用机器学习模型，持续优化风控策略，提高防控的准确性和有效性。

6. 综合安全防护

全方位安全防护 利用腾讯天御的综合安全防护技术，防止购票系统受到攻击和恶意操作，确保购票过程的安全性。

多层次风控体系 建立多层次的风控体系，从身份验证、行为分析、设

[①] IP（Internet Protocol）指网际互连协议。

备指纹、IP 风控等多个维度进行综合防控。

六、实操注意事项

在博物馆防"黄牛"的过程中，除了应用先进的技术手段，还需要注意一些关键事项，以确保防控措施的有效性与用户体验之间的平衡。

（一）用户体验

简化购票流程　在确保安全的前提下，尽量简化购票流程，避免过于复杂的验证步骤影响用户体验。

透明的购票规则　明确并公开购票规则和防"黄牛"措施，让用户了解并遵守相关规定，减少误解和投诉。

（二）数据隐私

保护用户隐私　在进行身份验证和行为分析时，严格遵守数据隐私保护法规，确保用户个人信息的安全。

数据加密　对用户数据进行加密存储和传输，防止数据泄露和被滥用。

（三）技术可靠性

系统稳定性　确保购票系统的稳定性和高可用性，避免因系统故障导致用户无法正常购票。

技术更新　定期更新和优化防"黄牛"技术，及时应对新的"黄牛"手段和技术挑战。

（四）多渠道购票

多样化购票渠道　提供多种购票渠道，如官网、微信小程序、第三方票务平台等，方便不同用户群体购票。

渠道一致性　确保各购票渠道的规则和防控措施一致，避免因渠道差异导致的漏洞。

（五）动态调整

实时监控 实时监控购票数据和用户行为，及时发现和应对异常情况。

灵活调整 根据实际情况和用户反馈，灵活调整购票规则和防控策略，确保措施的有效性和合理性。

（六）用户教育

宣传防"黄牛"措施 通过官网、社交媒体等渠道，向用户宣传防"黄牛"措施和购票规则，提高用户的防范意识。

用户引导 在购票过程中，通过提示信息引导用户正确操作，避免因误操作导致的购票失败。

（七）合作与联动

跨部门合作 与公安、市场监管等部门合作，严厉打击"黄牛"行为，维护市场秩序。

行业联动 与其他博物馆和票务平台合作，共享防"黄牛"经验和技术，共同提升防控水平。

（八）法律法规

遵守法律法规 在实施防"黄牛"措施时，严格遵守相关法律法规，确保措施的合法性和合规性。

法律支持 在必要时，寻求法律支持，对"黄牛"行为进行法律追责，震慑违法行为。

（九）用户反馈

收集反馈 通过在线调查、社交媒体互动等方式，收集用户对购票体验和防"黄牛"措施的意见和建议。

持续改进 根据用户反馈和数据分析，持续改进防"黄牛"措施，提升用户满意度。

（十）应急预案

应急响应 制定应急预案，确保在出现系统故障或大规模"黄牛"攻击时，能够迅速响应和处理。

定期演练 定期进行应急演练，确保相关人员熟悉应急流程，提高应急处理能力。

通过以上注意事项，博物馆可以在防"黄牛"的同时，确保购票的公平和用户体验良好，提升整体管理水平和服务质量。

【深入思考】

1. 本案例是如何在防"黄牛"的同时保障用户体验的？

2. 防"黄牛"产品还可以用于哪些领域？需要在防控理念、防控技术等方面作出哪些调整？

VR 大空间　梦回圆明园

> **要点提示**
>
> 上海风语筑文化科技股份有限公司（以下简称"风语筑"）申报的"《梦回圆明园》VR 大空间"运用虚拟现实、数字沉浸等技术打造 VR 沉浸体验消费场景，属于文旅体验类案例。本案例运用室内厘米级精准定位追踪和三维空间定位、裸手手势交互等技术，高精度 1∶1 还原圆明园历史古迹，打造出一个高度真实、互动性强的虚拟环境，实现全感沉浸交互。

一、内容简介

《梦回圆明园》是一个基于空间计算技术，沉浸式探索圆明园的行进式

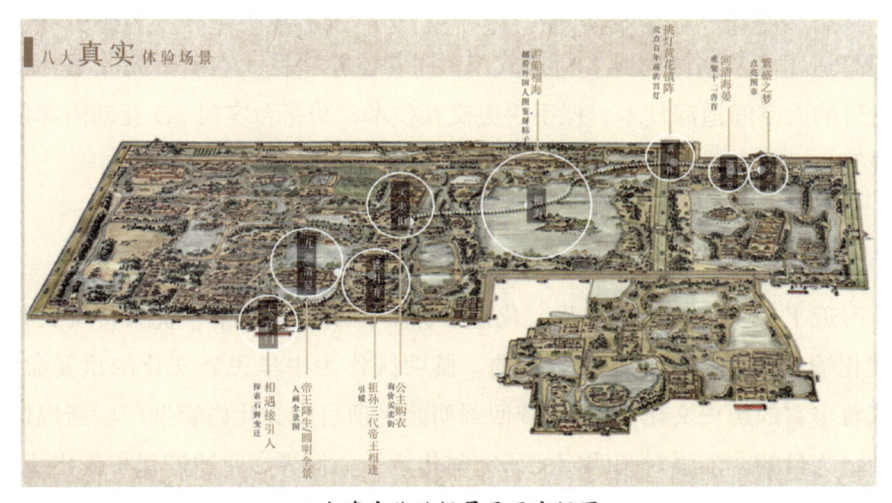

八大真实体验场景平面空间图

VR 体验项目。本项目通过高精度 1∶1 还原历史古迹，为观众打造真实行走与全感沉浸的交互体验，使观众仿佛穿越时空，亲身踏入百年前的圆明园。在这里，观众将近距离欣赏已消失的精美建筑、园林景观，深入了解那些鲜为人知的历史人文故事，深刻理解圆明园的历史文化价值，并与圆明园中的国宝进行零距离互动，感受它们的前世今生。

二、项目背景

（一）政策推动

在数字化浪潮席卷全球的大背景下，2024 年 5 月 13 日，文化和旅游部办公厅、中央网信办秘书局、国家发展改革委办公厅、工业和信息化部办公厅、国家数据局综合司联合发布了《智慧旅游创新发展行动计划》。《梦回圆明园》项目在这一政策的指引下应运而生，积极响应国家号召，致力于利用先进的科技手段提升旅游体验，推动文化遗产的保护与传承。

（二）技术发展

空间计算技术、VR 技术、LBSS（大空间追踪技术）等先进科技的不断发展，为打造沉浸式体验项目提供了坚实的技术基础。风语筑敏锐地捕捉到这一技术发展趋势，发力空间计算领域，联合中央美术学院圆明园研究中心共同打造了《梦回圆明园》行进式 VR 探索体验项目。本项目充分整合了全球先进的大空间追踪技术、裸手手势交互技术、跨平台实时 3D 互动内容创作引擎等先进技术，为观众带来了前所未有的沉浸式体验。

（三）文化传承使命

习近平总书记指出"加强文化遗产保护传承，弘扬中华优秀传统文化"，为文化遗产保护与传承指明了方向。圆明园作为中华民族文化的重要象征，承载着丰富的历史文化价值。《梦回圆明园》项目以文化内容推广、新媒体技术创新为目的，加强对圆明园的研究与传承，为世界文化遗产保护作出贡献。

中央美术学院圆明园研究中心为本项目提供专业指导和学术支持，确保展览内容的所有细节和描述均符合考古学家的研究认证。通过本项目，观众可以近距离了解圆明园中已消失的精美建筑构造与园林景观空间，探秘发生在圆明园里不为人知的历史人文故事，增强对历史文化的热爱和保护意识。

三、效益分析

（一）社会效益

1. 文化传承与教育

通过沉浸式体验的方式，将圆明园的历史文化价值生动地展现给观众，尤其是展现给年轻一代。这种直观的体验方式能够激发年轻人对历史文化的兴趣和热爱，提高他们的文化素养。在体验过程中，观众可以深入了解圆明园的建筑风格、园林景观设计及历史人文故事，从而更好地传承和弘扬中华优秀传统文化。此外，项目还可以与学校教育相结合，开展研学活动，为学生提供一个生动的历史课堂，丰富他们的学习内容，培养他们的爱国主义情怀。

2. 增强民族自豪感

圆明园曾经是世界上最宏伟的皇家园林之一，它代表了中华民族灿烂的历史文化。本项目通过逼真的虚拟场景还原，让观众亲身感受圆明园的辉煌，从而增强民族自豪感和凝聚力。观众在欣赏圆明园的美景和了解其历史的过程中，会深刻体会到中华民族的智慧和创造力，激发他们对祖国的热爱之情。同时，项目也可以成为对外文化交流的重要窗口，向世界展示中华民族的优秀文化，提升国家的文化软实力。

3. 促进科技与文化融合

本项目是文化和旅游领域科技创新的成功案例，它将先进的科技与丰富的文化内涵相结合，为行业发展提供了可鉴性样板。通过整合空间计算、VR大空间、AIGC等技术，项目实现了多样化交互设计和全感沉浸交互，为观众带来了全新的体验。这种科技与文化的深度融合，不仅为文化遗产的保护与传承提供了新的途径，也为旅游产业的创新发展注入了新的动力。同时，项目的成功也将吸引更多科技企业和文化机构投入科技创新与文化传承的事业中，推动文化与科技向更高水平融合发展。

（二）经济效益

1. 门票收入

项目凭借其独特的体验和历史文化魅力，必将吸引大量游客前来参观。预计项目正式运营后，将迎来可观的门票收入。随着项目的知名度不断提高，游客数量将持续增长，门票收入也将稳步增加。此外，项目还可以通过推出不同类型的门票套餐，如家庭套票、学生票、团体票等，满足不同游客的需求，提高门票收入的多样性。

2. 周边产品销售

开发与圆明园相关的周边产品，满足游客的购物需求，增加额外收入，起到宣传推广作用，扩大项目的影响力。例如，推出圆明园历史文化书籍，开发圆明园主题的纪念品，如明信片、钥匙扣、手机壳等，设计具有圆明园特色的文具、饰品、家居用品等文创产品，满足游客对高品质文化产品的需求。

3. 合作与赞助

项目的独特魅力和广泛影响力将吸引众多企业的关注。可以与企业开展合作，共同推出联合品牌活动，提升项目的知名度和影响力。同时，项目还可以吸引企业的赞助，获得资金支持，进行进一步发展和完善。例如，可以与旅游企业合作，推出旅游套餐，共同推广项目；与文化企业合作，开展文化活动，丰富项目的内容；与科技企业合作，进行技术创新，提升项目的体验质量。

4. 带动旅游产业

作为旅游亮点项目，《梦回圆明园》将带动周边餐饮、住宿、交通等旅游产业的发展，形成一个以《梦回圆明园》为核心的旅游产业链，促进地区经济的增长。

四、案例解析

（一）目标及思路

1. 技术体验目标

利用先进空间计算技术和 VR 技术，为观众提供真实的行走探索和全感沉浸交互体验。通过整合全球先进的大空间追踪技术、裸手手势交互技术、跨平台实时 3D 互动内容创作引擎等技术，实现室内厘米级精准定位追踪、三维空间定位、双向网络数据传递、多人同步在线等功能。同时，通过裸手手势交互技术，实现从 3DoF（三自由度）到 6DoF（六自由度）全面追踪手部位置和动作，可以识别特定的手势动作，并通过机器学习提高识别准确性和响应速度。让观众仿佛置身圆明园中，亲身感受圆明园的辉煌与沧桑。

2. 旅游发展目标

与旅游产业相结合，打造旅游新亮点，吸引游客，促进地区经济发展。将本项目作为旅游目的地的核心吸引力，通过与周边旅游资源的整合，形成一个以圆明园为主题的旅游线路。同时，通过开展多样化的营销活动，提高项目的知名度和影响力，吸引更多游客前来参观。此外，项目还可以与旅游机构、酒店、餐厅等合作，推出旅游套餐，为游客提供一站式的旅游服务。

3. 知识普及目标

普及并深化 VR/MR（混合现实）及 AIGC 技术在文化和旅游领域的应用知识，激发创新思维。通过项目的展示和体验，让观众了解这些先进技术在文化和旅游领域的应用前景和价值。还可以针对项目开展技术讲座、研讨会等活动，邀请专家学者和行业人士分享技术应用的经验和案例，激发创新思维，推动技术在文化和旅游领域的不断创新和发展。

（二）应用技术

空间计算技术　实现精准定位与空间感知，确保体验的真实性与互动性。
VR 技术　构建全景式虚拟环境，让观众获得身临其境的游览体验。

跨平台实时 3D 互动内容创作引擎　支持高效开发与部署，确保视觉效果与交互体验的流畅性。

AIGC　利用 AI 技术丰富内容创作，提升体验的深度与广度。

全息影像、裸眼 3D　增强视觉冲击力，提升体验的沉浸感。

（三）具体做法

1. 技术应用

整合空间计算、VR、AIGC 等技术，融合手、眼睛、脸等部位追踪技术，实现多样化交互设计、全感沉浸交互。通过技术的整合，打造一个高度真实、互动性强的虚拟环境，让观众在体验中感受科技的魅力。

2. 内容创作

组建专业的历史研究团队，深入挖掘圆明园的历史资料和人文故事，确保内容的准确性和丰富性。

邀请专业的设计师和艺术家，对圆明园的建筑、园林景观进行精细还原，打造逼真的八大虚拟场景。

设计丰富的互动环节，让观众在体验中更好地理解圆明园的历史文化。

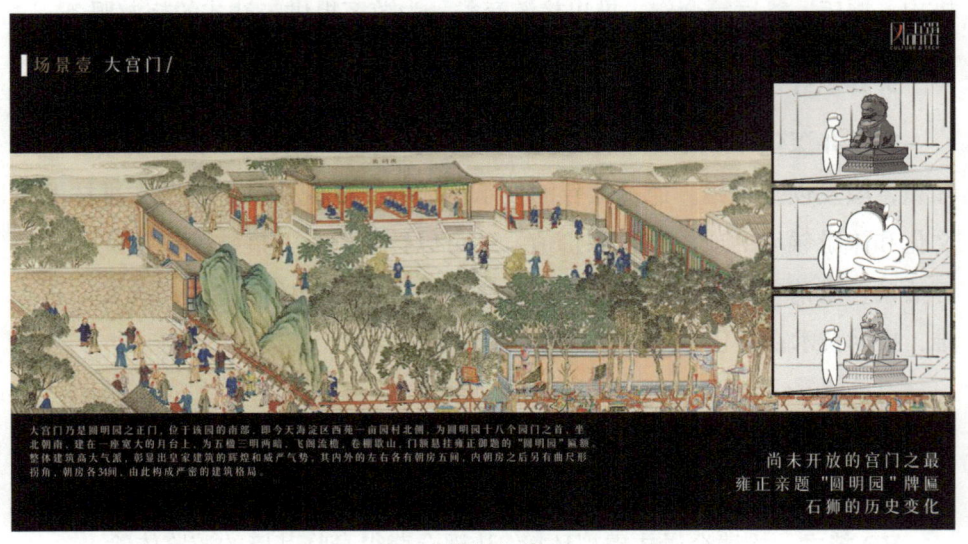

大宫门场景

场景贰 九洲清晏

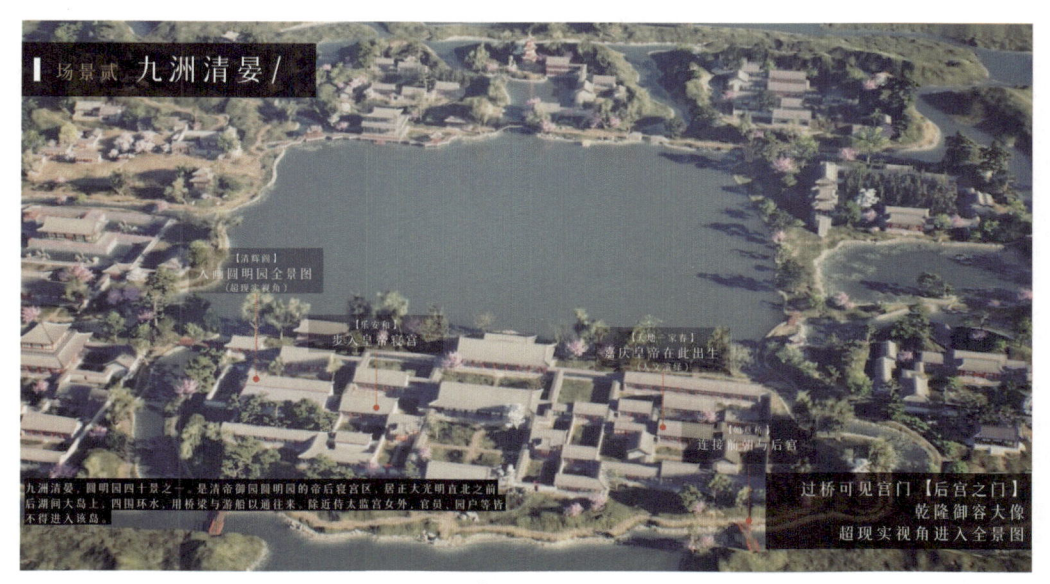

【清晖阁】
入画圆明园全景图
（超现实视角）

【乐安和】
步入皇帝寝宫

【慎德堂—家春】
嘉庆皇帝在此出生
（人文演绎）

【鸿慈桥】
连接前朝与后寝

九洲清晏，圆明园四十景之一，是清帝御园圆明园的帝后寝宫区，居正大光明殿之北，前湖与后湖间大岛上。四面环水，用桥梁与舟船以通往来。除近侍太监宫女外，官员、园户等皆不得进入该岛。

过桥可见宫门【后宫之门】
乾隆御容大像
超现实视角进入全景图

九洲清晏场景

场景叁 镂月开云

"三朝天子赏牡丹"

康熙帝受邀赴承恩牡丹台游赏，不仅有皇四子胤禛侍奉在侧，还第一次见到了时年十二岁的皇孙弘历。弘历诗书娴熟，聪敏沉稳，乖巧惹人相处，康熙难掩惊喜，遂接回宫中抚养。相伴三代尽享天伦之乐，康雍乾三朝帝王会聚于牡丹台，一时传为佳话。

见证了康雍乾三朝天子的相聚（人文演绎）

镂月开云场景

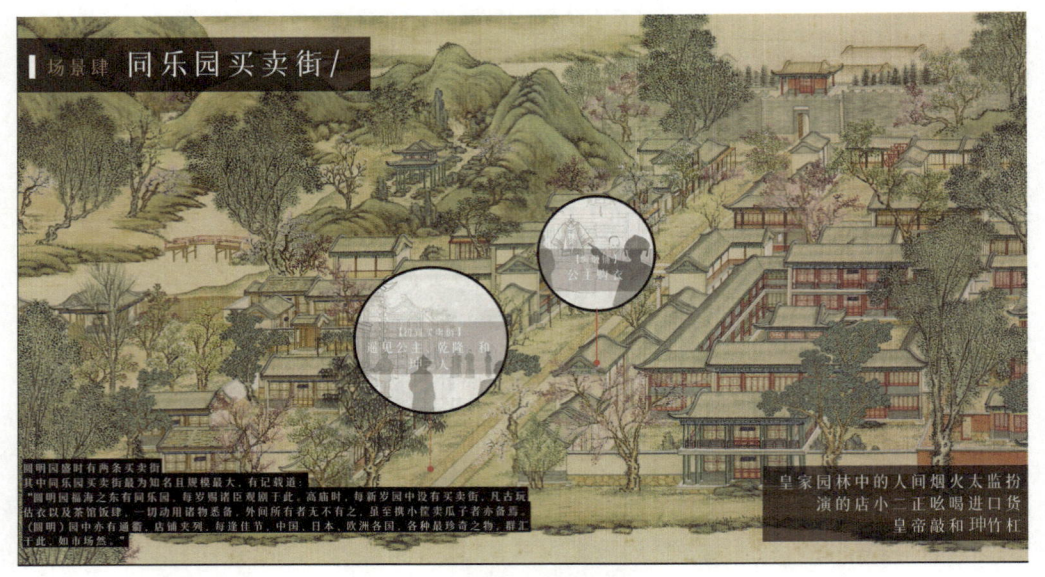

同乐园买卖街场景

游船福海场景

VR大空间　梦回圆明园

黄花阵场景

海晏堂场景

大水法场景

3. 运营管理

建立专业的运营团队，包括技术人员、管理人员、服务人员等，负责项目的日常管理和维护，确保游客的体验质量。

开展多样化的营销活动，提高项目的知名度和影响力，吸引更多游客。可以通过线上线下相结合的方式，进行广告宣传、社交媒体推广、活动策划等，提高项目的曝光度。

合作拓展客源，与旅游机构、学校等合作，开展团体参观和教育活动，拓展客源。

（四）资金情况

本项目投资方式为版权免费、联合首发合作。总投资金额为 1350 万元，主要用于内容开发、设备采购、场地建设等。场地方负责投资事宜，体现了对文化和旅游领域科技创新的积极支持，通过资金投入推动文化与科技深度融合，为游客打造全新的沉浸式体验，提升旅游产品的品质和竞争力，助力文化和旅游产业创新发展。预计回报周期为 8 个月。

五、创新点

（一）技术创新点

1. 融合多种先进技术

将空间计算技术、VR 技术、大空间追踪技术、裸手手势交互技术和跨平台实时 3D 互动内容创作引擎等先进技术融合应用，打造全新的沉浸式体验项目。通过技术的融合，实现了多样化交互设计和全感沉浸交互，为观众带来了前所未有的体验。

2. 高精度定位追踪

全球先进的大空间追踪技术能够实现室内厘米级精准定位追踪和三维空间定位，让观众在虚拟环境中感受到真实的空间感。同时，支持多人同步在线，让观众可以与朋友、家人一起分享这场奇妙的时空之旅。

3. 自然直观的交互方式

裸手手势交互技术实现了从 3DoF 到 6DoF 全面追踪手部位置和动作，可以识别特定的手势动作，并通过机器学习提高识别的准确性和响应速度。这种自然直观的交互方式，让观众更加自然地与虚拟环境中的元素进行互动，提高了体验的真实感和沉浸感。

（二）内容创新点

1. 深入挖掘历史人文故事

深入挖掘圆明园的历史资料和人文故事，以生动的方式呈现给观众，让观众在体验中了解历史、感受文化，增强对历史文化的热爱和保护意识。

2. 精细还原建筑园林景观

对圆明园的建筑、园林景观进行精细还原，打造逼真的虚拟场景，让观众仿佛置身于百年前的圆明园，亲身感受圆明园的辉煌与沧桑。

（三）模式创新点

1. 科技与文化和旅游相结合

将科技与文化和旅游相结合，打造旅游新亮点与新场景。先进的科技手段为文化遗产的保护与传承提供了新的途径，也为旅游产业的创新发展注入了新的动力。

2. 联合首发合作模式

采用版权免费、联合首发合作的投资方式，充分发挥各方优势，共同打造高品质的沉浸式体验项目。场地方负责投资事宜，体现了对文化和旅游领域科技创新的积极支持；技术提供方提供先进的技术支持，确保项目的技术水平；内容创作方负责项目的内容创作，确保内容的质量和丰富性。通过联合首发合作模式，实现了资源的优化配置，提高了项目的实施效率和质量。

六、实操注意事项

（一）技术稳定性

确保技术设备的稳定性和可靠性，避免因技术故障影响游客体验。定期对设备进行维护和升级，确保所用技术始终处于先进水平。

（二）内容准确性

对历史内容进行严格考证，确保内容的准确性和真实性。避免因内容错误误导观众，影响项目的教育意义和文化价值。

（三）游客安全性

在项目设计和运营过程中，充分考虑游客的安全问题。设置必要的安全设施和警示标识，确保游客在体验过程中的人身安全。

（四）体验优化性

不断收集游客的反馈意见，对项目进行优化和改进。提高游客的参与度和满意度，打造更加优质的沉浸式体验项目。

（五）知识产权保护

对项目涉及的技术和内容进行知识产权保护，避免侵权行为。同时，尊重他人的知识产权，确保项目的合法性和可持续性。

【深入思考】

1. 本案例有哪些技术创新点？对实现全感沉浸交互分别发挥了什么作用？

2. 如何更好地发挥沉浸式体验项目对推动文化遗产保护传承的积极作用？

以"数智牛首"为例看景区文化数字展示和智慧旅游解决方案

要点提示

南京牛首山文化创意发展有限公司申报的"南京牛首山'数智牛首'数字化平台"以牛首山文化为核心,将大数据、人工智能、虚拟现实、区块链、数字沉浸、数字娱乐等技术应用于景区智慧平台建设,在构建数字资源库的基础上开发出各类体验场景、消费场景,属于文旅体验类案例。本案例有效扩大了牛首山品牌影响,激活了文化消费力。

一、内容简介

为全面挖掘、梳理、传播牛首山丰富的文化内涵,讲好"牛首山故事",增强游客的文化认知和旅游感知,牛首山管委会积极响应国家文化强国战略和数字中国战略,以牛首山文化为核心,借助数字化打造了"数智牛首"展示平台,构建了独属于牛首山的数字资源库,进一步践行了"文旅+数字"的融合发展。通过内容制作、知识图谱、元宇宙、互动游戏、全景漫游、AR识别、个性化旅游线路定制、便捷线上购票等方式,形成了科技感十足、沉浸体验感浓厚、文化特色鲜明的各类应用场景,在顺应游客消费升级和旅游行业数字化转型趋势的同时创造了全新的文旅体验和消费服务体验。"数智牛首"平台于2023年2月18日正式上线,截至2024年10月底,累计访问量约1105.88万人次,累计用户数150.6万人。

二、项目背景

"一座牛首山,半部金陵史。"牛首山拥有文化、自然风光、历史遗迹等丰富的旅游资源。自景区成立以来,牛首山管委会以高标准、高质量、高适配的要求,充分挖掘景区自身特点,结合当下数字化建设的主流先进技术,着力打造以牛首山特有 IP 为代表,以数字资产为基础资源,以沉浸式互动为方式的"数智牛首"项目,迈出数字文旅新模式、智慧文旅新发展的第一步。

三、效益分析

(一)社会效益

1. 构建了牛首山文化知识体系

基于对牛首山资源全面深入的调研,从主题和关系两个维度梳理了 4486 个牛首山文化知识脉络,为弘扬和发展牛首山文化提供了新思路和新方法。

2. 创新了非遗传承保护手段

通过数字化技术保存和展示生漆脱胎、古法彩绘、琉璃镶嵌、镀金等非遗项目,保护和传承牛首山文化遗产;通过在线知识讲解、虚拟展览等形式有效破解非遗在社会转型过程中面临的"文化困境",更好地传承与弘扬中华优秀传统文化。

3. 打造了文化展示体验平台

在本次项目建设中,着力于以更加有吸引力、更加生动、更加标准的方式表达牛首山文化。技术与文化适配融合,创新性地打造了智能 AR、元宇宙、互动游戏、全景漫游等体验场景,在顺应游客消费升级和旅游行业数字化转型趋势的同时创造了全新的文旅和消费服务体验。

4. 拉动了数字场景文旅消费

突破传统销售思路和壁垒,开发"四季牛首"活动板块,增设放飞孔明灯、祈福产品代挂、数字盲盒、AI贺卡等数字场景玩法，促进文创实物及虚拟产品的二销营收，用数字化为牛首山"福文化""春牛首"赋能，打造数字弄潮新文创。

5. 助力了牛首山文化宣推

从牛首山深厚的文化底蕴中提取具有历史传承价值的文化元素、符号和标识，实现牛首山文化的传播和传承，提升牛首山文化软实力，引领文化数字化建设新方向。牵手腾讯项目的成功上线与宣推，达成品牌强强联合，在行业内掀起了一股牛首山文化科技风，为牛首山文化品牌赋能，也让业界看到了文旅行业文化数字化的可行性、科技性和潜力空间。

（二）经济效益

1. 构建了沉浸式消费场景

本项目以运营价值落地为目标，避免传统项目重建设轻运营的弊端，以沉浸式场景为基础，在游玩的过程中无感知地徐徐展开牛首山文化内容，讲述牛首山文化故事，让游客产生文化共鸣，并提供与体验内容紧密结合的盲盒、剧本等内容，让游客既可以沉浸式地体验牛首山文化内容，又可以成为故事中的主人公，体验创新讲解和导览，同时激活游客消费力，让游客体验感满满。

2. 创建了科技运营体系

创建牛首山线上运营平台，创新地将牛首山线下运营需求与线上沉浸式体验进行深度融合，并实现业务流程的贯通运行。本项目根据牛首山四季不同的运营目标，构建科技运营体系，为景区运营提供高效便捷的运营工具。以"春牛首"为例，平台同步构建线上"春牛首·金陵节"等季节性活动模块，模块内包含活动介绍、沉浸式玩法等功能，为游客提供导游导览与活动查询服务。同时，结合"春牛首"的祈福主题，为游客提供线上祈福、惊喜盲盒等体验，并提供积分、优惠券、核销、商品寄送等服务，为游客提供一站式全方位服务体验，增加了消费收入。

3. 提升了游客综合游览体验

从游前、游中、游后三个层面为游客提供服务，统一线上消费入口，并以牛首山深厚的历史背景和文化内涵为切入点，整合资源，打造互动元宇宙、AR 互动项目，增强游客线下体验的代入感，同时个性化的线路定制，满足游客的需求，提高参与度与消费额。

四、案例解析

（一）目标及思路

第一，搭建沉浸式元宇宙体验场景，通过元宇宙的人物个性化定制、场景沉浸式定制、线上多样性互动、线上线下相融合等特点，满足不同消费群体的体验需求。

第二，建设数字资产库，基于数字资产的价值挖掘和开发，形成更加成体系、易接受的知识展示载体，让游客在游玩体验过程中获取和接收相关知识内容。

第三，构建品牌形象，统一客户服务窗口。选择以微信小程序为项目的基础承载框架，利用微信巨大的用户端流量资源和易于分享裂变、宣传推广的互联网属性，进行本次项目建设。

第四，扩大牛首山品牌影响，探索"文化＋科技"模式。项目以牛首山文化为核心，适配知识图谱、元宇宙、VR/AR、AI 等科技手段，构建沉浸式体验场景，扩大牛首山品牌影响力，构建沉浸式体验场景。

第五，激活文化消费力，打造科技运营场景。项目规划阶段即考虑以建设后的长效运营价值落地为目标，结合牛首山客群以年轻人为主的特点，通过沉浸式体验激活牛首山文化魅力，结合科技运营为游客提供无感知的按需消费场景，创新"文化＋科技"的全新运营思路。

（二）应用技术

本项目建设结合牛首山的实际情况和项目需求，采用云存储、云计算、云渲染、云安全、云网络、云并发、云点播等方式存储和处理项目所需信息资源，再结合大数据技术、人工智能技术、数字建模技术、虚拟现实技术、区块链技术等，打造了包括元宇宙、知识图谱、智能客服、AR 沉浸体验、全景漫游、数字藏品、数字公益、数字传播等在内的应用与服务场景，为牛首山积累和丰富数字资产，建设线上统一展示和体验平台。

（三）具体做法

本次项目结合牛首山文化旅游区的文化内核，通过深度梳理牛首山文化内容，形成知识体系和完整文旅体验场景，适配性地选择知识图谱、元宇宙、互动游戏、AR 场景、AI 技术应用等方式，打造满足牛首山主流消费群体的沉浸式、科技化的体验场景和消费场景，现列举以下几个代表场景。

1. AR 拍照和云游打卡

游客自由选择个人形象，通过 AI 技术生成虚拟形象，让游客实现云游拍照。同时，游客在线下也可通过 AR 识别拍照技术，让虚拟人物和现实场景融合，并与游客互动，满足年轻客群的游戏式体验需求。

云游拍照和 AR 互动拍照打卡

2. 智能客服

数字人智能客服以牛形象进行设计开发，并在小程序的首页设置悬浮窗，游客点击牛形象客服即可进入客服界面，方便游客高效解决游玩问题。

3. 元宇宙

项目基于云渲染技术实现牛首山景区的部分实际场景的复原建模，再结合场景实际需求的特点，打造包括"云生肖廊"元宇宙、"东峰寻禅"元宇宙等在内的场景，为游客提供线上线下相融合的沉浸互动体验。

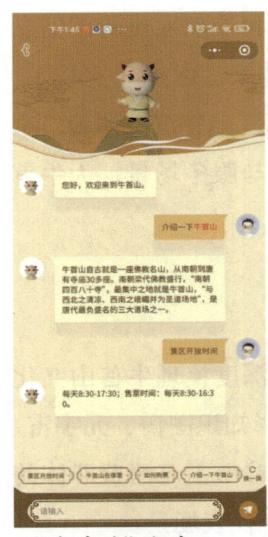

"数智牛首"数字人——牛小禅

"云生肖廊"元宇宙和"东峰寻禅"元宇宙

4. 知识图谱

通过梳理牛首山文化资产，深度挖掘牛首文化知识脉络，结合图计算、图数据、NLP（自然语言处理）等技术，形成更加成体系、易接受的知识图谱，让游客在游玩的体验过程中就能快速获取相关知识内容要点。

知识图谱·关系图

知识图谱·虎凤蝶

5. 科技运营创新玩法

依托于"数智牛首"主体平台，项目进行二次开发，增加线上活动板块，联动线下景区活动，增加游客的互动消费体验；同时利用平台 AR 技术优势，对文创产品进行科技赋能，开发出 AR 冰箱贴等文创产品，带动产品销售；区别于传统游览，平台融合 AR 眼镜导览和 AR 剧本杀场景项目，让游客能够从不同维度了解和感受牛首山的文化内涵。

"数智牛首"线上活动

AR 冰箱贴

6. 数字藏品

利用区块链技术将牛首山文化资产以数字藏品形式进行展示，牛首山数字藏品在平台正式上线时发布了"牛首四季"系列数字藏品，深受数藏爱好者好评。2024年5月先后发布了两款数字藏品："二十诸天"系列和牛首山护佑手串，截至2024年10月底已销售6500余份，在实现数字产品销售的同时也让用户体验了传统文化与科技融合的魅力。

牛首山数字藏品

（四）资金情况

本项目一期总投资金额为910万元，主要由南京牛首山文化旅游集团投入。这体现了地方政府及企业对文化旅游产业创新发展的重视与支持，通过专项资金投入，推动文化与科技深度融合，提升旅游产品的吸引力和竞争力。

五、创新点

（一）科技创新点

沉浸式特效展示 本项目充分运用云资源基础平台（云存储、云计算、云渲染、云安全、机器算法等），云支撑平台（NLP、知识算法、数字建模、AI、点/直播），应用平台（小程序、元宇宙、知识图谱、智能客服、扫描识别、视频中心、直播中心）。

多感官体验　从多感官体验的角度进行艺术设计能够更好地呈现产品的美感，也能帮助产品传递多元化的信息。

丰富的数字资产　针对游客更深层次的学习和了解需求，提供更加深入、完整的知识内容，让游客游有所获、学有所得。

（二）内容创新点

第一，通过文字、视频、语音、图片、H5（网页）、AR 等多媒体，与牛首山深厚的文化积淀交织融合，以"文化＋科技"系统性独家输出，带来全新的视觉与交互体验。

第二，通过举办艺术沙龙、匠人分享课堂、研学旅游、技艺培训等目标圈层营销活动将牛首山的故事场景立体化呈现。

（三）产品创新点

"数字交往"：虚拟与现实的交融　本项目运用数字建模、AI 扫描识别、AR、元宇宙等线上先进技术将线下文化科技化表达，数字交互主体重新定位"数字交往"，这种似梦似真的互动交往将给受众带来全新的感知与全新的生活样态。

知识智能管理引擎　通过 AI 数智人、知识图谱加强知识整合、沉淀和协同，结合统一搜索、智能推荐等能力，加速知识的流动和应用，同时整合景区海量数据资源，突破单一维度"信息孤岛"，实现了"连通游客、传播文化、永续发展"的愿景。

数字化与文化资产的适配融合　平台将文物保护、数字技术及文旅体验整合为一体，通过技术手段多元化呈现给游客，让游客更容易接受，全方位了解牛首山文化。

六、实操注意事项

（一）挖掘文化资源，建立文化 IP

本项目需梳理牛首山的文化资源并深度挖掘文化资源价值，结合大众的审美标准，选择牛首山的文化 IP，打造 IP 形象，并结合实际的文化内容、文化活动，建立对外统一宣传和展示的文化 IP 形象体系，使游客建立对牛首山的统一形象辨识和认可，梳理牛首山文化标识体系，并基于主流互联网平台进行 IP 的宣传和推广。

（二）多维度全方位文化传播服务

本项目需提供文化传播服务，传播服务覆盖主流传播渠道，通过媒体和网络途径，引燃"数智牛首"和牛首山 IP 的传播点，让广大群众更多了解、认可牛首山文化。

（三）探索年轻群体文化消费需求

本项目需充分考虑年轻消费群体的消费需求，设置如小游戏、互动拍照、朋友圈分享与互动、沉浸式体验、元宇宙、音视频特效、数字藏品、知识图谱等方式，深层次挖掘年轻消费群体的需求，发掘消费点并提供服务。

（四）保持平台开放性和扩展性

本平台涉及面广、线上展现形式多样、线下材料采集类型多、文化知识集梳理量大、技术架构底座科技含量高、对接接口多等，给项目交付带来了一定的风险和难度，因此，必须在技术上进行充分研究，构建真正意义上的开放性架构平台，以便于根据需要进行平台本身的内容更新和功能扩展；同时，平台应采用高度模块化设计，在技术发展和业务增加时使平台具有多种功能扩展能力，预留扩展的外部接口，注重兼容性和扩展性。能与牛首山其他智慧旅游系统有机结合，协同工作。

【深入思考】

1. "数智牛首"数字化平台是如何实现线上、线下运营业务贯通运行的?

2. 以微信小程序为项目的基础承载框架具有哪些好处?可能存在哪些局限?

文化与科技的交融共生

——"天趣画境"齐白石沉浸式数字光影艺术展

> **要点提示**
>
> 山东金东数字创意股份有限公司（以下简称"金东数创"）、北京画院、中国对外艺术展览有限公司联合申报的"齐白石沉浸式数字光影艺术展"将数字沉浸技术应用于传统文化活化场景，通过全息呈现、数字孪生、立体沉浸等新型体验技术，将齐白石的画作及其精神世界以全新的形式呈现给观众，属于文旅体验类案例。本案例利用光影与艺术、科技与人文的交融，使观众如入画境，感受齐白石笔下的自然之美、生命之韵。

一、内容简介

齐白石沉浸式数字光影艺术展是由金东数字创意股份有限公司联合北京画院、中国对外艺术展览有限公司共同研发的全球巡展项目。于2023年1月10日在湖南美术馆首展。

本项目集成数字投影、科技互动、AR虚拟现实、艺术装置等多种技术手段，通过对视频、声音、动画、设备的组合应用，深度挖掘人民艺术家齐白石及其作品所蕴含的价值意义，一路走过序章"礼遇白石"及"万竹山居"、"五出五归"、"一花一世界"三个沉浸式光影空间与"白石画屋""白石花园"两个互动空间总计五个剧情，打造了首个齐白石沉浸式数字光影艺术展，以期回溯白石老人一生的艺术之路，借此探索我国传统文化的活化和传播创新路径。

本项目不仅打破了传统艺术鉴赏门槛，让传统艺术国潮化、沉浸体验化，还重构了传统艺术解读模式，融合文化、历史、科技、艺术的沉浸式体验，通过将中华传统文化解构重构再创作，实现内容创新、技术创新、体验创新等重大突破，更丰富了传统艺术传播路径、助推实现美育目标，形成文化艺术领域数字化创新应用，助力中华传统文化走出去，更好地满足人民日益增长的精神文化需求。

"天趣画境"数字展海报

二、项目背景

齐白石作为近现代中国艺术史上的重要人物，代表了中国传统绘画的高峰。然而，传统艺术的展览和传播存在诸多问题，如原作展出条件苛刻、艺术作品的鉴赏门槛高、真迹受地域限制等。面对这些挑战，金东数创决定通过数字技术的应用，打破传统艺术的局限性，让更多人能够接触到齐白石的作品。

项目的实施背景可以追溯到国家对文化产业的重视和推动。近年来，文化和旅游的融合发展成为国家政策的重要方向。数字技术的迅猛发展为文化艺术的传播提供了新的机遇，线上线下的结合成为文化传播的新常态。金东数创在这样的时代背景下，在国家文化数字化战略指导下，在弘扬中华优秀传统文化、讲好中国故事的使命感驱动下，结合自身数字创意、科学技术的优势和市场需求及北京画院学术研究、中国对外艺术展览有限公司的资源与渠道优势，以"天趣画境"为主题，围绕齐白石的艺术人生，共同打造了齐白石沉浸式数字光影艺术展。

三、效益分析

（一）社会效益

1. 打破传统艺术鉴赏门槛

将数字光影作为消弭传统艺术与普通观众之间隔阂的创新手段，解决了真迹展出环境受限、真迹出国难等问题，通过对文化艺术的数字化表达，将传统文化艺术国潮化、沉浸体验化，因而吸引更多的年轻群体和亲子家庭，实现了在艺术领域"让小众变成了潮流，让经典变成了时尚"。

2. 重构传统艺术解读模式

对画作进行了解构和重构的再创作，对画家的生平和艺术创作理念手法进行了数字化的展演表达，开创了中国小画幅艺术作品的沉浸式体验新实践。

3. 丰富传统艺术传播路径

齐白石沉浸式数字光影艺术展将进行全球巡展，充分利用现有图书馆、文化馆等公共文化设施，根据空间大小及实际需求，形成灵活多样的齐白石作品数字化体验新场景。通过多种形式传播中国文化，实践文化强国战略。

（二）经济效益

1. 门票附加值与观众流量

自展览开幕以来，齐白石沉浸式数字光影艺术展已在全国九城巡展，吸引了近 300 万人次的观众，刷新了多馆单日人流量过万的记录，对当地的经济发展和文化传播起到了积极的推动作用。其中，湖南长沙的首展自 2023 年 1 月 10 日在湖南美术馆展出的 4 个月，吸引了 60 多万人前来参观，组团参观的单位 200 多家，原计划于 4 月 20 日闭展，后因其火爆程度，延期到 5 月 3 日才结束展览，创造了湖南美术馆自建馆以来的多项纪录。

湖南美术馆现场照片

2. 全网曝光与媒体报道

多馆展览期间，全网曝光总量超过 2 亿人次，除了《人民日报》、中央电视台、学习强国、新华网、人民网、地方卫视等主流媒体的报道，小红书、抖音等社交媒体更是点赞如云、好评如潮，提升了项目的知名度，扩大了展览的影响力。这种媒体曝光不仅为展览带来了直接的观众流量，也为后续的文化活动创造了更好的宣传氛围。

3. 文化产业链的延伸

该项目的成功实施还带动了相关文化产业的发展，如文创产品的开发、相关旅游服务的提升等。通过展览，观众不仅可以欣赏艺术作品，还可以购买相关的文创产品,形成了文化消费的良性循环。这种产业链的延伸,为地方经济的发展提供了新的增长点。

四、案例解析

(一)目标及思路

1. 弘扬中华传统文化

齐白石沉浸式数字光影艺术展旨在通过齐白石的艺术作品,向公众传播中华传统美学精神。项目团队希望通过数字技术,使传统艺术能够以更生动、直观的方式展现在观众面前,从而增强公众对传统文化的认同感和自豪感。

2. 创新艺术展示方式

项目团队结合自身的数字创意优势,运用现代科技手段对齐白石的艺术作品进行创新展示。通过全息呈现、数字孪生、立体沉浸等新型体验技术,重构了传统艺术的展览形式,使观众能够在沉浸式环境中感受到艺术的魅力。

3. 推动文化艺术的数字化转型

该项目不仅是对齐白石艺术作品的展示,更是对整个文化艺术领域数字化转型的探索。通过数字技术的应用,项目为文化艺术提供了新的传播路径和商业模式,推动了整个行业的创新发展。

(二)应用技术

1. 数字投影技术

项目利用高清数字投影技术,将齐白石的经典艺术作品以立体、动态的形式展现。通过多台投影设备的配合,使观众能够在不同的视角下欣赏艺术作品,增强了视觉体验的丰富性。

2. 增强现实技术

观众可以通过手机或平板电脑等设备,扫描展览中的特定二维码,进入增强现实模式，体验与艺术作品的互动。这种技术的应用，使观众能够更直观地感受齐白石作品的魅力，并通过互动体验加深对作品的理解。

3. 虚拟现实技术

展览中还设置了专门的 VR 体验区，观众可以佩戴 VR 眼镜，进入一个全新的虚拟世界，身临其境地体验齐白石的艺术创作过程。这种沉浸式体验使观众能够更加深入地理解艺术的内涵，提升了观展的趣味性和融入感。

4. 艺术装置

结合物理空间设计的艺术装置，为展览增添了互动性和趣味性。观众在参观过程中，可以通过触摸、移动等方式与装置进行互动，进一步提升了展览的参与感。

（三）具体做法

1. 沉浸式光影剧场，展现春入堂·夏至韵·秋颂痕·冬越字的四季天趣世界

"一花一世界"光影艺术剧场，是整个数字艺术展的核心展区。利用高约 5 米，展开长约 45 米的投影幕组成四面包裹的数字艺术光影空间，19 台高清投影机，16K×2K 画面分辨率，7.1 声道全景声构建一个全沉浸艺术场。呈现面实现了视角全部被屏幕包裹，水平视场角大于 120 度，垂直视场角大于 70

一花一世界现场照片　　　　　　　五出五归现场照片

度。利用投影机不受成像面大小形状的约束，色彩鲜艳、系统稳定，通过结合 3DS Max、Vray、Photoshop 等渲染生成的映射方式使投影整体画面更加精准。参观者在三维空间里体会齐白石的美学精神，真实感受大师笔触在画作上的气韵流动。

2. 独创巨幅卷轴，再现创作心路

金东数创创作了一个从天而降的震撼巨幅卷轴，生动描绘了白石老人在不惑之年"五出五归"的远游经历，游历地图前后手绘将近一个月的时间，再配合异形卷轴投影与双面幕投影，呈现电脑制作无法体现的水墨笔触感，随着到达不同地点的呈现，两侧投影幕出现该地的山水风景，演绎齐白石在此遇见的人、物、事及对应此次旅行所创作的艺术作品。其中，媒体播控服务器成为画面呈现和拼接融合的关键，解决超大分辨率（8K 以上）、高帧率（60Hz 以上）的视频解码，点对点多路帧同步输出显示，支持多种同步控制协议，同时通过其内置的拼接融合功能将多个投影显示画面拼接成一幅完整的画面。

3. 线上线下相结合，打造数字艺术虚实共生体验系统解决方案

金东数创以光影竹林、农舍艺术装置、池塘投影、墙面投影的组合利用，沉浸式还原齐白石《万竹山居》图，在"星斗塘"流水穿过竹林，以齐白石水族作品为蓝本，通过数字影像形式，在"水里"呈现水草、游鱼、虾蟹等齐白石多幅画作中的水族动态效果，再现天然之趣。同时在书法作品展示中，

万竹山居光影空间设计效果　　　　白石花园现场照片

通过北京画院邀请多位专业人士仿照齐白石笔意还原大师作品中的缺失部分，让大众完整欣赏到大师书法艺术的独特魅力。

通过白石书屋的智能绘画触屏桌，参观者可以在画案上挥毫留下自己的作品，并加上齐白石专属印章，完毕后可扫码下载拥有一份独属自创的"白石作品"。

在白石花园中，金东数创选取齐白石"红花墨叶"如《菊花蜻蜓》《牡丹》等经典作品为创作依据，定制玉兰花、玉簪花、牵牛花、向日葵、牡丹、菊花6种仿真花草机械艺术感应装置，当游客靠近时，通过红外人体感应等使花草做出拟真的开合、摇曳、旋转、振动等机械动作，与游客进行互动，使游客通过装置花卉和原画作对比，细细体会白石老人所提倡的"似与不似之间"的艺术追求。

（四）资金情况

资金来源　主要由三方共同出资，资金比例为金东数创出资50%，中国对外艺术展览有限公司出资25%，北京画院出资25%。北京画院负责提供学术指导和齐白石原作藏品版权。

资金投入　主要用于数字内容创作、程序研发、艺术装置制作等。

后期合作方式　主要由馆方以借展费的形式采购项目授权，馆方负责硬件和场景的搭建，金东数创负责质量把控、现场调试。

五、创新点

（一）设计创新

选取齐白石生平极具代表性的作品，将作品中的多种经典元素应用于多个艺术场景中，围绕影响其创作发展的叙事脉络，构建序章"礼遇白石"和"万竹山居"、"五出五归"、"一花一世界"沉浸空间与"白石画屋"、"白石花园"互动空间。在创意策划上，以创新的手法解读作品，如在"一花一世界"中将其不同时期的艺术作品进行活化并对比，以科技手段生动展示其"衰年变法",产生了令人震撼的数字艺术效果,打破壁垒令真迹保存,扩大了艺术作品传播范围。

(二)技术创新

金东数创在数字技术应用上,通过全景声系统、成像系统等攻克了叙事场景深度融合、3D Mapping 等技术在艺术成像沉浸体验的应用难题,创新研制了虚拟现实多媒体场景,开发全新播控系统、环境特效系统等。

既不同于当下《千里江山图》《清明上河图》等传统长卷画作的活化,又区别于国外梵高、莫奈等数字光影展的二维动态展示,金东数创从齐白石500 多幅画作中精选 200 多幅作品进行综合融合活化展示,将这些花鸟、草虫、蔬果、虾蟹等画作中的元素一一提取出来,进行解构,再将它们在不同主题场景中进行融合重构再创作:先通过将齐白石原画作在 PS 中分层,再通过研究大师作画时的宝贵纪录片,仿照齐白石笔意,以手绘形式还原缺失部分,参考真实动植物运动规律做三维绑定,综合运用 AE、3DS Max、C4D、MAYA 等动画软件进行设计,如"万竹山居"还原的立体沉浸空间星斗塘区域,将白石老人的"虾蟹""雏鸡""小鱼""青蛙"等画作元素置于其中,让观众能够看到多系列画作的内容交织其中,达到了生动展示白石老人作品意境,感受其作画心境的效果。

(三)流程创新

1. EPC 模式

项目采用 EPC(策划-施工-运营)模式,实现了设计创意与施工实施的有效衔接,保证了项目的顺利进行。

2. 数字技术与艺术创作的结合

项目在实施过程中,注重数字技术与艺术创作的结合,实现了艺术与科技的创新融合。

（四）模式创新

1. 商业化运营模式

项目通过文创产品开发，以及作为核心引爆为周边业态带来了盈利，实现了商业化运营，为文化艺术领域的数字化转型提供了商业模式。

2. 线上线下结合的传播模式

项目利用线上线下资源，实现了艺术作品的多渠道传播，提升了项目的知名度和影响力。

（五）运营创新

1. 多元化收入来源

项目通过文创产品销售、团建活动，以及门票销售等多元化方式，拓宽了收入来源。

2. 市场推广策略

项目通过与媒体和社交平台的合作，提升了项目的知名度和影响力。

六、实操注意事项

（一）技术的融合与应用

1. 技术与艺术的契合

在引入数字技术时，需充分考虑其与艺术作品的契合度，确保技术的应用能够增强艺术作品的表现力。

2. 技术的稳定性和可靠性

在技术应用过程中，需注重技术的稳定性和可靠性，确保艺术展的顺利进行。

（二）施工环境调研与分析

1. 场地环境调研

在项目施工前，需对场地环境进行详尽的调研，了解场馆地理位置、场馆内部结构等因素对施工的影响。

2. 特殊地形施工方案

针对特殊地形和环境，需制定有针对性的施工方案，确保施工的安全和质量。

（三）设备选型与调试

1. 适合的数字技术与设备

根据项目需求，精心选择适合的数字技术和设备，如投影设备、音响系统等。

2. 设备调试

在设备安装和调试过程中，需确保设备的稳定性和性能，以提供最佳的艺术体验。

（四）内容创作与呈现

1. 艺术作品的内涵挖掘

在艺术作品的创作和呈现过程中，需深入挖掘艺术作品的内涵，通过数字技术增强作品的表现力和感染力。

2. 艺术与技术的结合

在内容创作中，需注重艺术与技术的结合，创造出独特的艺术体验。

（五）运营管理与市场推广

1. 运营管理专业性

在项目运营过程中，需注重运营管理的专业性，确保项目的高效运行。

2. 市场推广策略

在市场推广方面，需利用多种渠道和手段，结合场馆本身特色，提升项目的知名度和影响力。

（六）项目持续创新与优化

1. 持续创新能力

随着技术的发展和市场的变化，项目需保持持续的创新能力，不断优化和完善项目内容。

2. 观众反馈与市场信息

通过收集观众反馈和市场信息，不断调整和升级项目，不断满足观众的新需求和新期望。

【深入思考】

> 1. 如何更好地运用现代科技传承和发扬我国的传统文化，激发公众主动欣赏传统艺术的热情，让传统艺术在现代社会中发挥更大的作用？
> 2. 如何通过数字化艺术展等形式，促进文化产品和服务的创新，助推文化和旅游产业的繁荣发展？

探索古镇数字化营销的变现之路

> **要点提示**
>
> 微梦创科网络科技（中国）有限公司（新浪微博）申报的"南浔古镇创新打造'虚拟镇长'IP"将人工智能和虚拟技术应用于数字IP打造场景，属于文旅营销类案例。"虚拟镇长"以AI技术为支撑，通过超写实技术和智能算法，实现了与游客的实时互动，成为"文旅+元宇宙"融合的有益尝试，为古镇文化和旅游发展开辟了新的方向和思路。

一、内容简介

南浔古镇位于浙江省湖州市南浔区，是一个人文资源充足、中西建筑合璧的江南古镇。"虚拟镇长"IP项目，旨在通过数字科技赋能古镇文旅发展，推动优秀传统文化的创造性转化和创新性发展，为探索古镇复兴、实现传统景区转型开辟了新打法、新路径。

项目借助"南浔古镇向全球永久免费"催生的文化和旅游产业复苏等"叠加效应"，将文化和旅游与元宇宙跨界融合，为古镇文化发展继承开辟新方向，使其在旅游市场中更具竞争力；助推游客井喷式增长和旅游收入的大幅提升；提高游客体验满意度与景区知名度，使游客更深入地了解南浔古镇的历史文化、风土人情和旅游资源；推动南浔文化和旅游产业的数字化转型，为文化和旅游产业带来更多的商业机会和商业模式创新。

二、项目背景

2023 年，南浔迭代理念思路、优化策略打法，从古镇复兴的"四梁八柱"到业态品质提升，再到综合效应的释放，南浔全力打造古镇复兴示范样板，探寻南浔古镇创新独特的方式，讲述属于她的传统与现代碰撞的传奇故事。多维赋能，让南浔高质量发展的成色越来越足。

在浙江省网络文化协会和湖州市委网信办共同指导下，南浔区与新浪微博合作举办了以"盛世中华 何以浙江"为主题的南浔古镇"虚拟镇长"征集活动。活动使用 AIGC、全息技术等手段，设置人设海选、20 强虚拟形象塑造、5 强虚拟人路演决赛评选等大赛环节。全国网友的踊跃参与，创作了丰富多彩的镇长形象，最终以热情的海派女子形象为创作灵感的"虚拟镇长"林桑晚摘得创意设计金奖。

"虚拟镇长"林桑晚

三、效益分析

（一）社会效益

1. 数字现实融合，增强古镇关注度

南浔古镇线上热度持续提升，累计阅读量超 5.54 亿次。在国庆、中秋双节期间，双节热度持续推高古镇话题讨论量，微博平台相关原创博文超 1790 篇，互动声量超 560.02 万次，阅读数超 557.63 万次，曝光覆盖人群超 3.9 亿人。"南浔古镇"微博提及词频增长 4 倍，活动话题兴趣人群到南浔兴趣人群的流转率为 31.7%，为南浔有效沉淀了线上兴趣人群资产。2023 年十一国庆

期间，南浔古镇微博兴趣人群同比增长128.9%。

2. 弘扬和传播文化，塑造城市形象

五强"虚拟镇长"在人物形象设计中均结合南浔古镇特色文化元素，如金奖获得者"林桑晚"从古镇独有的中西合璧建筑风格与海派文化古典时尚交融的契合度出发，将"镇长"设计为热情的海派女子形象，在服饰设计上融入"四象八牛"特色元素；银奖获得者"南风"从浔商广为人知的创业史出发，将"镇长"设计为青年创客形象，服饰穿着上深耕南浔古镇的丝质文化和湖笔文化。这些"虚拟镇长"让游客在沉浸式互动中收获知识、感悟文化。

5 强"虚拟镇长"作品

活动现场照片

（二）经济效益

南浔古镇依托独特的历史文化资源，深入发掘区域特色文化资源，积极创新文化传播表现形式和表达方式，探索文旅融合新形式，激发行业活力。创新活动成功导流线下景区。2023年南浔古镇接待全国各民族游客达1200多万人次，同比疫情前的2019年增长689%，景区上榜"全国十大热门景区"，实现古镇自运营以来年接待游客量首次突破千万人次。此外，古镇人流溢出效应明显，有效拉动了周边商圈消费。据统计，中心城区线上住宿业、餐饮业营业额同比分别增长27.32%和36.87%。同时，全域联动发展态势逐步形成，乡村旅游持续火热，假日期间带动乡村景区接待游客59.87万人次，较疫情前2019年同期增长31.6%。[①]有效地集聚城市流量，撬动城市消费，提升城市活力。

四、案例解析

（一）目标及思路

将虚拟人镇长征集大赛的举办作为提升南浔城市形象的有利契机，大力

活动现场

[①]《南浔古镇免门票一周年：解开流量密码，凭实力破圈越级》，中央广电总台国际在线，2024年1月18日，https://news.cri.cn/2024-01-18/ae24ed7e-d342-7fc9-5920-313f5ba43e83.html。

探索古镇数字化营销的变现之路 | 143

做好"旅游+"文章,生动呈现旅游与城市相融相生的美好图景,擦亮"南浔——中国江南的封面"的城市名片。

挖掘元宇宙、AR、虚拟偶像、5G等技术应用充分展现南浔拥抱未来的成果,重点做好"南浔古镇镇长"宣传策划,通过探寻"南浔之美"打开"美丽中国"。

(二)应用技术

决赛首次创意性地融合AIGC、全息舱技术,五位"虚拟镇长"候选人现场直面观众,进行现场交互。

活动现场全息舱

AIGC 在对话方面,"虚拟镇长"可以与游客交谈,能回复南浔古镇旅游问答知识,还能生成唱歌、跳舞等技能型效果。

全息舱 "虚拟镇长"通过全息舱,营造立体感,呈现具有真人效果的三维感技术。

(三)具体做法

1. 征集赛事形式调动全民参与,提升景区关注度

赛前,通过微博整合资源,招集广泛的参赛者,吸引更多的网友关注,收集大量优质海选作品;赛中,选手开通微博,打造独特人设吸引全民参与

互动；决赛期，邀请全网网友参与投票，共同选出南浔古镇"虚拟镇长"。

依托微博推广登陆全网热搜榜。借助新浪微博，运营相关话题 31 个，累计阅读量超 5.54 亿。包括"百万重金浔镇长""南浔古镇虚拟镇长浔到了""千年古镇的另一种打开方式"3 个阅读量破亿的话题在内，共有 6 个话题登上全国热搜榜；另有"在南浔古镇寻找传统与现代新平衡"等 25 个话题登上浙江区域同城热搜榜。

2. 六大兴趣领域深入解读，助力破圈传播

围绕"南浔古镇""虚拟数字人"等内容，联动微博旅游、微博校园、微博媒体等六大微博垂类进行话题策划，盘活大流量资源。

联动全国多所高校，实现古镇与年轻群体同频共振。活动联动 @ 同济大学、@ 浙江大学、@ 中国传媒大学、@ 中国美术学院、@ 山东大学、@ 浙江传媒学院等全国 30 余所高校官博宣传，号召学生群体关注活动并积极参与投稿，助力活动在年轻圈层的传播。

3. 利用全媒体传播资源，以优质线上作品为赛事引流

全媒平台双线联动扩大活动流量池。线下邀请百万粉丝级网络达人展开集体采风创作，讲述千年古镇的绵长文脉，展现繁华旖旎的古镇夜景，引爆古镇文旅消费市场。5 位网络达人共创作推出 10 件优质作品，视频累计播放量超 445 万，博文累计互动量超 4.2 万。

线上先后联动中青网、新华社、中新社等 50 余家媒体进行深度报道，以及今日南浔 App 等本地融媒，打造微博、公众号、视频号、抖音等全媒矩阵；联动 IT 九熙、科技生活家等数十名科技领域达人，以及白鹿视频、西部决策等 10 余名媒体垂类发布进行讨论，话题阅读量达 4352 万，互动量超 5000 人次；联动新浪浙江、新浪上海、新浪江苏等全国 21 个新浪省站，发布总结视频，全网展示大赛成果。

（四）资金情况

本项目总投资金额为 299 万元。主要资金来源于湖州南浔全域文旅发展

有限公司。这体现了地方政府及企业对文化旅游产业创新发展的重视与支持，通过专项资金投入，推动文化与科技深度融合，提升旅游产品的吸引力和竞争力。

五、创新点

（一）理念创新

"虚拟镇长"作为古镇代言人，通过社交媒体平台展示古镇的美景、传统文化和特色美食等，吸引更多游客前来参观，为南浔的品牌推广提供更多的可能性。以此打造南浔古镇数字引流新名片，扩大古镇曝光度和"流量池"，将"流量"变为"留量"，做大做强古镇复兴文旅市场。

（二）文化传播创新

"盛世中华 何以浙江"之南浔古镇"虚拟镇长"征集活动探索了以文化"两创"赋予文化新形态的新表达。"虚拟镇长"的出现，体现出数字传播已成为文旅营销的有机组成部分，南浔古镇加速拥抱元宇宙，解锁旅游新体验，为我国古镇建设发展、文化和旅游产业发展及数字经济建设提供了有益参考。

（三）模式创新

以"微博之力"赋能南浔完成三个"一"的打造：通过微博征集一个古镇"虚拟镇长"，成为南浔的超级文化符号；通过一个征集大赛炒热古镇"虚拟镇长"IP，同步输出南浔文旅优质内容；通过一个"虚拟镇长"IP打通线上线下文旅互动场域，推动"虚拟镇长"IP热度转化为南浔的长久文旅资产。

（四）技术创新

利用数字科技赋能，使线下体验得到线上延伸推广，立足讲好古镇历史文化故事，展现新时代古镇形象，激活古镇文旅新业态。采用全息技术实现深触达:"虚拟镇长"全息舱落地古镇剧场外广场,举行"虚拟镇长初亮相、与游客互动"的线下见面会;决赛以 AI 为技术支点,通过超写实技术、智能算法等,打造出沉浸式互动竞演舞台。选手以虚拟人路演形式讲述"南浔古镇与镇长设计"背后的故事,对古镇进行全方位、多角度介绍,为观众带来一场科技与文化碰撞的元宇宙盛宴,展现古镇魅力风采。

六、实操注意事项

(一)虚拟人形象文化内涵的挖掘

需挖掘文旅景区核心资源及大众传播点,平衡文旅虚拟人形象的大众接受度与深层文化内涵,制作具有记忆点、传播点和文化意蕴的虚拟人形象。

(二)数字虚拟人形象与景区落地展示的结合

做好数字虚拟人线上的传播,拟人化官方账号的持续化传播,强化文旅虚拟人的品牌传播效应。同时,在景区设立交互点位,在景区便民传播物料中融入虚拟人形象。

(三)通过线上社交媒体平台获取精准关注度

分析文旅景区核心目标受众及潜在受众,选择线上社交媒体平台,通过地域、兴趣领域都精准的大数据传播,为活动引来关注热度,如通过校园线上渠道吸引年轻客群关注。

【深入思考】

1. 思考南浔古镇"虚拟镇长"IP 对于类似景区的适用性,如何推动古镇等景区文化和旅游产业向更高层次发展?

2. 如何在保护传统文化遗产的同时,利用古镇的独特资源,同时平衡传统特色与现代需求,实现古镇类景区的可持续发展?

智能艺境：AIGC 赋能传统文化传承与创新

> **要点提示**
>
> 北京大学文化传承与创新研究院（抚州）申报的"AIGC 数字艺创营"将数字娱乐技术应用于文旅人才培养，属于文旅服务类案例。该案例通过 AIGC 工作坊将传统文化与现代数字技术相结合，以弘扬传统文化、传播前沿技术、探索艺术边界为目标，面向中国青中年群体普及 AIGC 知识，培养具备 AI 技术应用能力的艺术创作人才，探索新的数字艺术表达方式，赋能传统文化传承与创新。

一、内容简介

AIGC 数字艺创营，通过线上专家前沿讲座、AI 影像作品有奖征集、创作者交流沙龙、线下成果展览展示等多种方式，以人工智能数字技术为内核的新质生产力，探寻经典文化作品的精神世界，如汤显祖作品的尝试，唤醒《牡丹亭》的不朽魅力，促进 AI 赋能昆曲文化及抚州市戏曲文化的广泛传播。以《牡丹亭》主题为例，参与者可围绕其中的经典人物、情节、对话、场景等元素，创作图文或影音作品。

（一）短片作品

借助 AIGC 技术，生成与《牡丹亭》相关的视频作品。视频忠于原作，以更加生动直观的方式展现原作剧情，同时鼓励对《牡丹亭》经典剧情或情节进行改编再创作，并制作短片。

（二）绘本作品

围绕《牡丹亭》经典人物、情节、场景等元素制作数字图片，如杜丽娘、柳梦梅、春香、汤显祖、花园景致等。

（三）文创作品

结合《牡丹亭》文化与"汤显祖故里"抚州的地域特色，创作一系列文创产品，如贴纸、冰箱贴、水杯、明信片等；鼓励参考抚州市文旅数字人"舟小抚"形象进行内容开发。

抚州市文旅数字人"舟小抚"

二、项目背景

随着数字技术的飞速发展，人工智能、大数据和云计算等前沿技术正在逐渐渗透到文化产业的各个领域，AIGC 逐渐进入大众视野，成为艺术创作的新趋势。中华美学博大精深，是中华民族数千年历史积淀的瑰宝，拥有深厚的历史底蕴和丰富的艺术形式。项目旨在通过 AIGC 工作坊，将传统文化与现代数字技术相结合，培养学员探索新的数字艺术表达方式，赋能传统文化的传承与创新。

北京大学文化传承与创新研究院携手北京大学文化产业研究院连续推出了两期 AI 艺创工坊，以弘扬传统文化、传播前沿技术、探索艺术边界为目标，面向中国中青年群体普及 AIGC 知识，培养了一批具备 AI 技术应用能力的艺术创作人才。工坊涵盖 AIGC 通识入门、AI 图像生成专题、工具集锦、短片全流程、美学基因助力 AIGC、应用落地案例分析等六个方面。两期活动共吸引了来自全国 20 多个省份的 3000 余人参与，筛选出 70 余名核心人员加入 AIGC 优秀创作者的行列。参与者年龄跨度大（14 岁至 66 岁），学历普遍较高（72%以上拥有硕士学历），线下参与者多来自北京大学、清华大学、中国人民大学、首都师范大学、中国传媒大学等高校；专业背景多元，包括建筑、艺术设计、文化管理、新闻传媒、考古、信息科技等。

AI 艺创工坊学员作品

三、效益分析

（一）社会效益

1. 文化传承与创新

AIGC 数字艺创营通过现代技术手段，使传统戏曲文化得以创新性转化和传播，增强了传统文化的活力和影响力。参与者通过创作图文、影音作品，不仅能够深入理解《牡丹亭》的文化内涵，还能够激发新的创意，为传统文化注入新鲜血液。

2. 艺术教育与普及

活动通过线上专家讲座、创作者交流沙龙等形式，提供了一个艺术教育和普及的平台。有助于提高公众的艺术素养，特别是对年轻一代来说，能够激发他们对传统文化的兴趣和热爱。

3. 社会参与与交流

艺创营鼓励社会各界人士参与，包括艺术家、设计师、学生等，这种跨界合作和交流有助于打破行业壁垒，促进不同领域间的相互了解和合作。

4. 经济发展与旅游促进

通过线下艺术成果展览展示，吸引游客和艺术爱好者，带动相关文化产业和旅游经济的发展。同时，文创产品的开发和销售也为当地经济带来了直接收益。

5. 促进国际文化交流

《牡丹亭》作为中国戏曲的瑰宝，其数字化创新作品有助于在国际舞台上展示中国文化的魅力，促进国际文化交流和理解。

6. 技术应用与推广

AIGC 技术的应用展示了人工智能在文化艺术领域的潜力，有助于推动相关技术的发展和普及，为其他行业提供创新思路和解决方案。

（二）经济效益

通过 AIGC 技术的应用，推动经典文化作品如《牡丹亭》文化内容创新，提升市场价值。AIGC 技术能够快速生成多样化的文化产品，满足不同消费者的需求，扩大市场覆盖面，增加销售收入，为相关文化产品和服务开拓更广阔的市场。线下成果展览展示和文创产品的开发，为艺创营带来了部分直接经济效益。

四、案例解析

（一）目标及思路

技术融合 结合 AIGC 技术与传统文化，通过数字艺术形式再现经典文化作品，如《牡丹亭》的经典场景和人物，创造新的艺术体验。

内容创新 鼓励参与者基于《牡丹亭》创作新的图文、影音作品，包括但不限于短片、绘本和数字文创产品，以新颖的视角诠释传统文化。

平台建设　建立线上平台，为专家讲座、创作者交流和作品展示提供空间，同时提供 AIGC 技术工具和资源支持。

市场拓展　通过线上线下相结合的方式，扩大《牡丹亭》的市场影响力，包括线上数字产品销售和线下艺术展览。

合作联动　与教育机构、文创企业、旅游部门等合作，共同推动文化产品的开发和市场的拓展。

品牌打造　通过"舟小抚"等数字人形象，打造具有地方特色的文化品牌，提升抚州及《牡丹亭》的品牌价值。

（二）应用技术

AIGC 数字艺创营将应用一系列先进的 AIGC 技术，以促进传统文化的创新性转化和传播。以下是一些被应用的关键技术。

自然语言处理　通过自然语言处理技术，生成与《牡丹亭》相关的剧本、故事和对话，使传统文化内容更加生动，能与参与者更好地互动。

计算机视觉　利用计算机视觉技术，可以对《牡丹亭》中的经典场景和人物进行图像识别和分析，进而生成新的视觉效果或动画，增强视觉体验。

深度学习和生成对抗网络（GAN）　通过深度学习模型可以创作新的艺术作品，如绘画和插图，这些作品在风格和内容上与《牡丹亭》保持一致，同时展现新颖的创意。

多模态技术　结合文本、图像和声音等多种模态的数据，可以创造更加丰富的互动体验，例如通过文本描述自动生成相关的图像或音乐。

（三）具体做法

策划　制订详细的项目计划，明确项目目标、预期成果、时间节点、预算和资源分配。确定项目的核心主题和内容方向，围绕《牡丹亭》的文化元素进行创意发散。

招募　通过社交媒体、专业艺术平台和教育机构发布招募信息，吸引艺术家、设计师、技术专家和文化爱好者参与。设立报名平台，收集参与者的背景信息、专业技能和作品集，进行筛选和邀请。

赛事 设计和组织主题 AIGC 艺术创作大赛，鼓励参与者利用 AIGC 技术创作相关作品，设立奖项和评审标准，邀请行业专家进行评审。

工坊 结合线上授课和线下实践，帮助学员掌握 AIGC 的基本知识与应用技能，提升艺术创作能力。

展览 举办拟定主题的数字艺术展览。

文创 鼓励参与者创作与主题相关的文创产品，如数字绘本、动画短片、虚拟角色等。

运营 通过官方网站、社交媒体和数字平台进行项目推广和用户互动，提高项目的知名度和参与度。与文化机构、艺术院校和科技公司合作，共同推动项目的发展和成果的落地。

（四）资金情况

本项目总投资金额为 30 万元。主要资金来源于北京大学文化传承与创新研究院（抚州）的自有资金，体现出研究院对文化和旅游产业创新发展的重视与支持，通过专项资金投入，推动文化科技人才的创新培养，提升文旅融合的深度和与时俱进性。

五、创新点

（一）设计创新

多模态艺术创作 结合文本、图像、音频和视频等多种媒介，创造出跨模态的艺术作品，如将经典文本转化为视觉和听觉的多媒体体验。

个性化内容生成 利用 AIGC 技术根据用户偏好和行为数据生成个性化的艺术内容，提供定制化的文化体验。

互动体验设计 设计互动环节，让观众参与到艺术作品的创作过程中，如通过 AI 辅助设计工具共同完成作品。

（二）技术创新

AI 算法的应用 运用最新的 AI 算法，如生成对抗网络和自然语言处理，来创造和改编艺术作品。

大数据分析　分析大量的文化消费数据，以洞察用户需求和市场趋势，指导艺术创作和产品开发。

跨平台技术整合　整合不同的技术平台和工具，如 AI 创作工具、3D 建模软件和游戏引擎，以支持复杂的艺术创作。

（三）模式创新

众包创作模式　采用众包方式，邀请公众参与到主题的再创作中，集合群体智慧产生创新内容，如本案例中的《牡丹亭》。

跨界合作模式　与不同领域的专家和机构合作，如艺术家、科技公司和教育机构，共同推动文化创新。

（四）运营创新

社交媒体营销　通过社交媒体平台进行艺术作品的宣传和推广，利用社交网络效应扩大影响力。

线上线下融合运营　结合线上数字展览和线下实体活动，提供多元化的艺术体验和互动机会。

六、实操注意事项

（一）技术的融合与应用

需确保技术融合的流畅性，利用 AIGC 技术，如自然语言处理和机器学习，来生成剧本、歌词或音乐作品，并确保这些技术能够与艺术创作无缝衔接。

（二）调研与分析

在项目开始前，需进行市场调研，了解受众的需求和偏好，分析项目指定主题作品的文化价值和艺术特点，确保数字艺创营的内容能够忠实地反映原作的精髓。

（三）内容创作与呈现

鼓励创作者基于指定主题作品创作新的图文、影音作品，同时注重内容的原创性和创新性，在内容创作中，注重版权和知识产权的保护，避免侵权行为。

（四）运营管理与市场推广

制订详细的项目计划和时间表，确保项目按期进行。利用社交媒体和网络平台进行宣传推广，扩大项目的影响力。

（五）项目持续创新与优化

鼓励项目团队进行头脑风暴，提出创新的想法和解决方案。定期评估项目的进展和效果，及时调整和优化项目方案。

【深入思考】

1. 如何更好地将 AIGC 技术与传统艺术创新相结合，创造出既有技术创新又有艺术价值的作品？

2. 随着 AIGC 在内容创作中的广泛应用，如何确保内容的原创性和版权保护，同时维持艺术创作的伦理标准？

科技遇人文　泉州古城的数字诗篇

要点提示

深圳灵智时空数字有限公司申报的"'AI游泉州古城'——新质生产力的应用与示范"将人工智能技术应用于智慧导览讲解场景，属于文旅服务类案例。该案例采用"AI大模型+3D虚拟数字人"，融合语音合成技术及AIGC图生图技术，实现交互式智能导览，为游客提供智能客服、AI导游、AIGC旅拍等拟人化、智慧化服务，发挥新质生产力产业价值，实现区域文旅服务质量提升、游客旅游多元化体验及特色资源挖掘与盘活。

一、内容简介

"AI游泉州古城"是福建省泉州市鲤城区文旅局联合深圳灵智时空AI团队共同打造的新一代文旅数智化平台。该平台基于"AI大模型+3D虚拟数字人"，融合语音合成技术及AIGC图生图技术，实现交互式智能导览，为游客提供智能客服、AI导游、AIGC旅拍等吃喝玩乐游服务，发挥新质生产力在文化和旅游产业的价值。通过提供"游前—游中—游后"一站式文旅服务与体验，实现泉州市鲤城区文旅服务质量提升、游客旅游体验多元化以及区域内特色资源挖掘与盘活，为游客提供个性化和智能化的文旅服务。

2024年"五一"期间，"AI游泉州古城"2.0版本正式发布，平台升级数智导游的付费模式。游客的付费意愿与转化率高，标志着项目已具备商业化自造血能力，为当地文旅产品的商业模式创新和多元文旅产品体系的构建奠定了坚实基础。

凭借技术与产业深度融合实践，"AI 游泉州古城"项目先后荣获工信部 2023 年产业 AI 创新应用奖、福建省 2024 年数字文旅示范项目等嘉奖，同时被国家文物局、住建部等官网平台作为优秀案例收录。

"AI 游泉州古城"数智文旅平台展示

二、项目背景

随着 2021 年"泉州：宋元中国的世界海洋商贸中心"成功入选世界文化遗产，泉州古城文旅市场整体呈向好态势，但面临旅游基础配套不足、讲解导游紧缺、高级文旅项目带动力和文旅品牌打造继续性不强等问题。如何从"网红"城市变为长红城市，提高 IP 文化传播影响力，将"流量"变为"留量"进而实现流量变现，是泉州鲤城文旅转型升级面临的挑战。

文旅行业要实现高质量发展，就要深入贯彻新发展理念，加速推进产业数智化转型，以创建世界文化遗产典范城为契机，深化打造城市 IP，在立足当前发展成果的基础上，着力解决数智化发展过程中存在的问题，实现人工智能技术与文旅行业的深度融合。

泉州古城游客扫描使用"AI游古城"现场

三、效益分析

（一）社会效益

1. 缓解文旅基础服务资源紧张的困境

传统的导游人员通过细致讲解和问答能给游客带来良好的旅游体验，但同时聘用专业导游人员讲解对景区而言存在管理成本高、导游水平参差不齐等问题；采用现有的电子导游服务，则无法解答游客的个性化提问，不能满足游客的交互需求。在泉州古城客流量大、导游人员资源短缺的情况下，"AI游古城"小程序则能兼顾个性化和低成本的优势，缓解泉州古城基础服务资源不足的困境。

2. 游客服务体验提升，打造良好文旅品牌形象

对话式文旅大模型能够为游客提供一种全新的旅游体验。游客不再是被动地接受导游的讲解，而是可以主动与大模型互动，获取自己感兴趣的信息。这种个性化服务的旅游体验，不仅能让游客在旅游过程中获得更多的乐趣，也能让他们更深入地了解和欣赏到当地的地方文化和旅游景区的魅力。

3. 弘扬和传播泉州世界文化遗产IP文化，塑造文旅强名片

通过将泉州古城IP形象"和和"进行三维数字拟人化，让虚拟IP成为

文化讲解、文旅品牌宣传的出口，可以高效传播推广泉州古城的历史文化和特色资源，提高泉州古城的知名度和影响力，吸引更多的游客来到泉州古城，促进泉州古城旅游业的发展。

（二）经济效益

1. 降低文旅机构管理成本

AI 数智文旅平台能够提供一致性的高标准服务，避免了因不同导游素质参差不齐导致的服务质量波动，减少了额外的管理费用。相比传统导游需要持续的职业培训和个人知识更新，AI 导游的知识库可以通过后台管理系统进行集中更新和维护，简化了知识传递的过程，减少了维护成本。同时，AI 导游还能提供多种语言服务，满足不同国家游客的需求，无须额外聘请多语种导游，降低了多语言服务能力带来的成本压力。

2. 拓展文旅产品多样性，为文旅行业的商业模式探索开辟新路径

2024 年 5 月 1 日，"AI 游泉州古城"平台发布 2.0 版本，此次升级不仅标志着技术上的进步，更在于其商业模式上的革新，即新版本上线了导游付费功能模式，这一举措直接增加了景区的增值服务收入。根据初步运营数据显示，游客付费转化率超过了 20%。这表明游客对于这种新型服务模式有着较高的接受度和付费意愿，市场需求量也十分可观。

3. 带动相关产业发展，促进区域经济发展

"AI 游泉州古城"通过统一流量入口与大模型推荐的模式，不同于 OTA（在线旅游）平台数据的大众性、广泛性，该小程序更注重本地特色资源的挖掘、传播、推荐、转化等一系列商业模式，有效促进本地邻里经济、街道经济的资源盘活，带动本地特色化小产业发展。该项目也为泉州古城旅游产业链的延伸和拓展提供了有力的支撑，为游客带来更高质量的旅游衍生服务，如住宿、餐饮、购物、娱乐等。

四、案例解析

（一）目标及思路

第一，结合泉州古城本地旅游业态现状、特色及游客需求与痛点，以用户价值为依归，针对泉州古城本地文旅数字化建设的再升级，从"数字化"向"数智化"过渡，充分发挥"人工智能＋文旅"赋能文旅高质量发展的作用。

第二，将泉州世界文化遗产文化 IP、数字技术、文旅空间进行有机组合策划，借助 AI 技术、3D 技术等底层能力建设，以提升泉州文化 IP 品牌影响力与居民满意度。

第三，注重游客在泉州古城游玩的需求和体验，借助 AI 大模型技术为游客提供覆盖多场景、多元化的文旅服务，将线上线下空间进行有效串联，在实现一站式服务的同时，打造"文旅＋科技"的市场化示范效应。

（二）应用技术

1. 生成式 AI 大模型（LLM）

文旅行业垂直的大模型通过海量数据以及大模型的理解推理和检索增强生成等技术，具备特定领域的深入理解和生成能力，可以针对文旅行业的特点，提供更为专业、细致的导览内容和智能化服务。这些模型能够自我优化，不断学习新的知识和信息，以适应不同的游客需求，提升文化和旅游产业与用户交互的价值体验。同时，文旅系统能够理解并智能化地回应游客的口头或文本查询，解答用户关于景点知识、开放时间、票价、导游导览等问题。

2. AIGC 图生图

根据用户提供的原始图片或创意描述，由 AI 生成高质量、富有艺术感的 IP 照片。通过 AIGC 大模型训练技术，将景区独有的风景特色、本地特色民族服饰等 IP 象征符号与游客进行虚拟合影，满足游客旅拍写真、特色打卡等需求。

3. 虚拟形象与 3D 建模

创建高度逼真的数字人形象，将虚拟导游形象三维化，通过肢体、表情、音色等研发，将泉州闽南文化 IP 活化，拉近游客与泉州文化之间的距离。

4. 语音合成技术（TTS）

使 AI 导游能够以自然流畅的声音向游客提供信息和讲解，增强交互的真实感和亲切感。这项技术可以根据不同场景和需求定制语音风格，如模仿真实人类的音色或创造独特的数字人声。

（三）具体做法

AI 文旅大模型平台是新一代文旅数智化信息平台，是泉州文旅从"数字化"升级至"数智化"的转型动作，主要通过以下几个方面实现。

1. 古城数字人 IP "活化"

"AI 游泉州古城"小程序采用虚拟形象与 3D 建模、语音合成以及动作捕捉等高科技手段，将泉州古城已有的"海丝家族"中的重要成员——代表和平发展的福船"和和"，进行了生动的 IP 活化。通过这一创新方式，"和和"不仅成为一个具有互动性的古城文旅代言人，还以鲜活亲切的形象出现在游客面前，带领大家深入了解泉州古城的历史文化故事，并为游客提供文旅服务。通过精心的动作设计，"和和"的每一个动作、表情都显得自然流畅，极大地提升了用户体验感，使旅游过程充满了乐趣与全新体验。

泉州古城数字人 IP 和和 "活化" 示意

2. 赋予古城数字人 IP "大脑"

为打造一个高智能、互动性强的数字人 IP，平台基于泉州古城本地的高质量数据进行 AI 训练，通过 LLM 大模型、知识图谱、对话管理、增强知识库检索和多模态交互等先进技术，泉州古城的数字人 IP 被赋予了超强"大脑"。这一"大脑"不仅能够进行复杂的意图解析和结果输出，还能实现多模态内容的生成，它能够理解人类的自然语言，生成流畅、自然的对话回复；整合和运用广泛的知识资源，提供准确的信息和服务；通过先进的语音合成技术，实现自然流畅的语音交流；结合动作捕捉技术，生成逼真的肢体动作和面部表情，增强互动的真实感和趣味性。通过这些技术的综合应用，泉州古城的数字人 IP 不仅能够成为游客的智能导游，还能成为文化传播的推荐官，为推广泉州古城的文化遗产保护传承与合理利用工作贡献力量。

3. 提供场景服务应用能力

结合游客线下旅游空间真实体验，通过 AI 技术为游客提供全方位多样化的旅游服务，具体包含以下四点。

第一，AI 路线规划。能够根据游客的个人兴趣、所处具体位置等多元信息，为游客提供个性化的导览路线和景点推荐。

第二，AI 导游导览和文化推荐官。可以实时回答游客的问题，无论是关于景点的开放时间、门票价格等基础信息，还是某个景点的历史文化解说，抑或关于路线推荐、吃喝玩乐等，通过大模型训练都可以使游客获得想要的内容答案。

第三，AI 旅拍写真。通过 AI 的创造性，将泉州特色的簪花 IP、景点 IP 与游客进行二次创作，破圈营销传播泉州文化。

第四，链接本地生态资源。将本地特色化资源进行重组，以全新人机交互方式向游客推荐，减少一般平台只集中曝光有广告投入店铺的局限。

（四）资金情况

本项目的总投资额为 90.25 万元，资金主要由泉州市鲤城区文旅局与深圳灵智时空数字有限公司共同投入并负责更新运维。这充分展示了地方政府与技术企业对 AI 技术与文化产业融合创新的高度重视和支持。

启动专项资金建设和长期联合运营，旨在实现自我造血机制，进而促进科技创新和产业创新融合发展。此举不仅有助于发展我国文旅领域的新质生产力，发挥新质生产力作为发展新引擎的作用，还为文旅行业的可持续发展提供了有力支撑。

五、创新点

（一）设计创新

沉浸式体验设计 利用 3D 数字人技术，创造出身临其境的虚拟导游或解说员，能够为游客提供个性化的导览服务，增强文化遗址和景点的历史故事感。

情感交互设计 设计具有情感智能的 3D 数字人，能根据用户的情绪反馈调整对话内容和方式，使交流更加自然流畅，提高用户的参与度和满意度。

覆盖文旅多场景应用 从"游前—游中—游后"的一站式场景应用服务，提供含导览、文化讲解、旅拍等全场景趣味体验，让游客觉得好用又好玩。

（二）技术创新

深度学习与本地化训练 结合深度学习算法，利用本地高质量的数据进行模型训练，确保 3D 数字人在特定场景下的表现更为精准和贴近实际需求。

实时渲染技术 采用先进的实时渲染技术，使 3D 数字人的视觉效果更加逼真，增强用户体验的真实感。

语音识别与合成技术 集成高精度的语音识别与合成技术，实现 3D 数字人与用户之间的自然对话，提升交互质量。

（三）模式创新

政府文旅机构与社会企业合资共建系统，联合本地化运营模式。其中，政府负责提供本地高质量文旅数据、导览信息内容质量把关以及本地生态市场资源协调，助力本地化运营及推广工作有序落地；而企业根植于市场需求、用户需求，除提供技术能力搭建完整的 AI 数智文旅平台外，还负责平台线上线下营销推广，扩大品牌影响力。

（四）商业模式创新

通过上线数智导游付费功能版本，实现市场需求导向变现的商业模式探索。一方面，丰富泉州古城本地的文旅产品多元结构；另一方面，实现文旅资源自造血，形成政府与企业营收分成模式，保证平台的长效稳定运行。

六、实操注意事项

（一）数据质量与隐私保护

数据来源与标注 确保训练数据集的多样性和代表性，涵盖本地旅游景点、文化背景的数据，并使用专业人员对数据进行准确标注，提高模型训练的准确性。

隐私保护 遵守数据保护法规，如 GDPR（《通用数据保护条例》），确保用户信息不被滥用。对涉及个人隐私的数据进行脱敏处理，避免敏感信息泄露。

（二）技术性能与鲁棒性

模型性能评估 在不同的测试集上对模型进行全面评估，包括准确率、召回率等指标。检测模型在极端情况下的表现，确保其具有良好的鲁棒性（robustness，承受故障和干扰的能力）。

持续迭代与优化 定期根据用户反馈和实际应用效果对模型进行更新和优化。利用增量学习方法，使模型能够适应数据和场景的变化。

（三）安全性与伦理考量

安全性保障 增强系统的安全性防护措施，包括意识形态安全和信息安全等，防范恶意攻击和数据篡改。采取措施防止模型被滥用或产生误导信息。

伦理与社会责任 在设计和应用过程中考虑伦理和社会责任，避免产生歧视或偏见。确保提供的信息和服务真实可信，不误导用户。

（四）合规与法律遵从

遵循当地法律法规要求，特别是在版权、数据使用等方面。与法律顾问紧密合作，确保所有业务操作符合现行法律框架。

（五）持续监测与反馈机制

实时监控　实施实时监控系统，及时发现并解决运行中的问题。对异常情况有预警机制，快速响应以减少影响。

用户反馈机制　建立有效的用户反馈渠道，鼓励用户提供使用体验的意见和建议。定期总结用户反馈，作为改进模型和服务的重要依据。

【深入思考】

1. 如何利用 AI 技术进一步推动文化和旅游产业的转型，特别是在数字化、智能化方面的发展，提供文旅服务新体验？

2. 在 AI 技术广泛应用的背景下，如何既能推动智能化文旅服务，同时又能保障用户隐私和数据安全？

登封文旅元宇宙：重塑旅游体验的数字化创新之旅

▼

> **要点提示**
>
> 元境生生（北京）科技有限公司（以下简称"元境"）申报的"嵩山风景区文旅元宇宙"将区块链、人工智能、虚拟现实、大数据、数字沉浸技术应用于文旅元宇宙建设场景，属于文旅营销类案例。该案例通过创建游戏互动空间和数字藏品，将嵩山的文化资源与元宇宙技术相结合，为游客提供了跨越现实与虚拟的旅游体验。

一、内容简介

元境联合河南登封文旅集团（以下简称"登封文旅"）联合打造的嵩山主题元宇宙，通过游戏化体验，将嵩山风景区与元宇宙空间、数字藏品相结合。游客无须额外兑换纸质门票，直接通过数字藏品中的二维码，扫码进入各个景点，在进入景点的一瞬间，数字藏品中对应的虚拟景点形象会被点亮，带给用户一种"打卡"的满足感，将现实中的"人（用户）""货（线下权益）""场（文旅资源）"映射到元宇宙空间中的"数字人""数字藏品""数字3D互动空间"。通过对虚拟元宇宙空间的运营，用游戏的方式提升用户黏度。凭借元宇宙空间这一抓手，将传统的一次性数字营销变成可持续运营的营销内容。

升级后的"人货场"关系，主打"win-win"（双赢）模式。用户在元宇宙空间中的活动，既是一种线上娱乐、教育形式，同时也能带来线下权益。而作为元宇宙空间的联合运营方登封文旅，可以通过元宇宙维护自己的私域流量，相比较传统社群模式，元宇宙空间带来更多的用户黏性与更大的想象空间。并且，线上元宇宙也会成为当地文旅资源的数字化品牌，通过云上部署的方式将登封文旅资源面向全世界展现，真正做到"足不出户游登封，千里之外访嵩山"，带来可观的社会公益与文化传播价值。

二、项目背景

嵩山，位于中国河南省中部，是五岳中的中岳，以其独特的自然风光和深厚的文化底蕴而闻名于世。嵩山风景区不仅是一个自然景观壮丽的地方，也是中国古代文明的重要发源地之一，拥有丰富的历史遗迹和文化遗产，被联合国教科文组织列为世界地质公园和世界文化遗产。持续提升嵩山风景区这一文旅瑰宝的影响力，提升其社会价值与经济价值，是本项目的重要业务目标。

在数字化时代背景下，随着科技的飞速发展，特别是元宇宙概念的兴起，为传统文化遗产的传承与创新提供了前所未有的机遇。元宇宙作为融合了虚拟现实、区块链、人工智能等先进技术的新型互联网应用形态，能够构建一个平行于现实世界的数字化空间，让用户跨越物理界限，进行沉浸式体验和互动。

鉴于此，本项目旨在通过构建嵩山风景区元宇宙，将嵩山风景区的自然美景与历史文化以数字孪生的形式复刻至虚拟世界中。这不仅是对嵩山自然与文化资源的一种数字化保护与传承，更是一种创新的文旅推广模式，着力于吸引全球的游客，尤其是年轻一代的文化爱好者，以新颖、趣味的方式探索和了解嵩山的独特魅力。

三、效益分析

（一）社会效益

1. 文化传承与创新发展

通过元宇宙技术，嵩山丰富的历史文化资源可以得到全新的数字化展示和互动体验。这不仅能够吸引年轻人的兴趣，增强他们对传统文化的了解和认同，还能促进传统文化在数字时代的创新性发展，使古老的文化遗产以更现代、更生动的方式得以传承。

2. 教育普及

元宇宙提供了一个沉浸式的虚拟环境，使用户能够身临其境地探索嵩山的历史遗迹、自然风光及其背后的故事。这对历史教育、地理教育以及文化遗产保护意识的普及具有重要意义，能够让学习过程更加直观和有趣，提高公众特别是青少年的文化素养和环保意识。

（二）经济效益

2023年6月30日开始发售旅游"特种兵"徽章·嵩山，截至2023年9月，共发售75000余件，售卖带来的直接经济收益超300万元，进而带动线下旅游消费近亿元。

在元宇宙、人工智能、数字资产等技术的支持下，文化和旅游产业已经从1.0模式进阶到了2.0模式。在1.0的模式中，传统文旅景区主要通过OTA（在线旅游服务）渠道进行线上宣传，游客到线下消费体验，景区通过线下实体的"吃、住、行、游、购、娱"来获得收益。在各种数字技术加持的2.0模式中，景区将建立实体和数字两个收益空间，在线下实体空间，除了原本的收入外，景区借助元宇宙终端、互动技术等能力来以虚促实，增加了消费者在景区虚实互动部分的收入；与此同时，在数字空间里可实现新的可商业化的内容，比如数字景区、数字藏品、虚拟人导游等，极大地扩展了业务边界和收入模式。

旅游"特种兵"徽章·嵩山

四、案例解析

（一）目标及思路

1. 改变文旅行业靠"硬基建""造话题"拉动影响力的传统方式

"硬基建"具有不可复制性，而"造话题"往往投入大但效益不高，改变文旅行业传统的营销方式势在必行。通过云渲染技术、区块链技术和数字艺术的支撑，徽章文旅的新玩法实现了游客与景区之间更紧密的联系与互动，提升了游客对景区的认同感和体验感。

2. 将多景点串联，进一步提升转化效率

嵩山风景区内含多个旅游景区，如少林寺景区、嵩阳景区、中岳景区等，结合数字藏品的确权能力，每抵达一个景区便进行一次核销，数字藏品中该景区即被点亮，并全程记录旅游动线。这种将亮点玩法与核心目标相结合的方式，大大提升了各景区的到访率。

3D 形态微缩景区模型"初始"状态

3D 形态微缩景区模型"点亮"状态

3. 打破传统景区的地域、季节、空间等限制，实现多元化、均衡化的运营模式

我国很多城市拥有丰富的文化遗产和名胜古迹，传统的走马观花的游览方式较难有深入而生动的旅游体验。与此同时，受限于地域、季节、空间等条件，景区旺季承载压力大，淡季游客稀少，通过虚实结合、数字权益互通等方式，不仅能够跨时空叙事，提升游览的趣味性和生动性，还能打破物理条件限制，实现数字化的增收空间，扩展业务边界。

（二）应用技术

1. 实时云渲染

实时云渲染具有免下载、免安装、不受本地设备性能限制的优势，为精美的 3D 数字藏品（徽章）的传播及旅游体验提供了坚实的技术支撑，对画面质量和传播转化提供了保障。

2. 区块链技术

徽章的领取与核销均使用了区块链技术,既保证了数字资产具有足够的安全性,又保证了核销等流程的便利性和准确性,提升了整个链路运营效率。

3. AIGC 技术

在 3D 数字藏品(徽章)的设计中,应用了 AIGC 技术,丰富且具有个性的 AIGC 图片为最终的 3D 成品提供了创意支撑,最终将多个 3D 景区有机地结合在一枚小小的徽章中。

(三)具体做法

1. 虚拟空间建设及运行

为了更好地展示景区特色和 3D 数字藏品,通过搭建虚拟空间,让用户可以沉浸式观览。通过对景区的特色景物和 3D 数字藏品进行设计并建模,再通过 3D 引擎进行制作搭建,最终以实时云渲染支撑运行,可以让用户无须下载就能通过不同设备随时使用,最大化展示景区特色。

2. 3D 数字藏品(徽章)

3D 数字藏品旅游"特种兵"徽章·嵩山是一个依托实时云渲染技术的动态 3D 数字藏品,将嵩山风景区内的多个景区的标志性景观设计在同一枚 3D 数字藏品中,凸显嵩山风景区的亮点,精美的 3D 数字藏品犹如工艺品一般,在视觉上让人眼前一亮,产生仔细欣赏的动力。

在体验方面,任何性能的设备均可秒级打开,通过旋转、放大缩小等操作,可以多角度高清晰度地观看这枚精美的徽章,同时元境也提供了虚拟空间作为陈列展示,可以将其持续存放在自己的私藏室中。

3. 3D 数字藏品(徽章)传播与售卖核销

3D 数字藏品(徽章)的传播与新媒体紧密结合,开通了微信公众号售卖渠道与抖音售卖渠道,微信公众号主要与社群传播相结合,在旅行相关的社群传播之后,直接跳转体验并购买,转化链路非常流畅。而抖音售卖渠道主要与短视频传播相关联，通过视频化的素材传播之后，可直接下单购买。

旅游"特种兵"徽章·嵩山 2D 向 3D 变化过程（左图为徽章开始翻转，中心闪动相机切换景区；中图为翻转到背面；右图当徽章翻转到一定角度后，3D 景区模型开始显现）

下单购买后可在元宇宙空间内进行实名认证，在有效时段进入景区便可直接核销通行，元宇宙化的体验与线下相结合，带给游客便利且新奇的感受。

旅游"特种兵"徽章·嵩山详情页面

（四）资金情况

本项目总投资金额为 200 余万元，主要应用于虚拟空间的制作与搭建，3D 数字藏品的制作等。通过"徽章＋权益"的模式，将用户与文旅景区直接联结，用区块链技术将用户及其权益上链，成为景区的"终身顾客"，形成"永不消失"的消费大数据。用户不仅享受到数字门票优惠，后续还可以通过对徽章多样化赋能,为用户带来持续不断的增值服务,有效延长了用户体验周期。在元宇宙空间中,用户通过数字藏品的形式进行打卡,满足了他们对个性化旅行和互动消费的需求,大大缩短了成本回收周期。

五、创新点

(一)设计创新

徽章设计为六边形,并融合"天圆地方"的哲学思想,中心为"闪动相机",一秒切换一个景点。利用元境实时云渲染功能,使徽章具备 2D 转 3D 的动态属性。徽章翻转背面,3D 形态的微缩景观模型呈现,高精度还原嵩山地貌和各景区特征。

(二)技术创新

为了提升视觉效果及体验感,创新性地结合实时云渲染、区块链技术以及 AIGC 技术,让精美的数字内容可确权,可随时随地在任意设备进行体验,便捷性和安全性都大幅提升。

(三)流程创新

徽章的体验、购买、核销等流程均通过元宇宙化的方式进行,打破固有的渠道限制,体验上更加优质,效率上也更加便利。

(四)模式创新

首创将数字藏品与景区门票相结合,用元宇宙的玩法链接线上线下,让游客物超所值,让景区增加收益。

(五)运营创新

通过将不同景区的设计与徽章设计相结合,同时核销单一景区后可以对其进行点亮,激发了游客收集的兴趣,提高了景区的到访率。

登封文旅元宇宙：重塑旅游体验的数字化创新之旅 | 173

旅游"特种兵"徽章·嵩山实体权益

六、实操注意事项

（一）3D 藏品设计

在藏品设计与景区特色结合中，需要保证景区亮点可以准确表达，避免与实物差异过大，给游客带来较大程度的差异感。

（二）3D 藏品的体验保障

在实时云渲染的支撑下，3D 藏品可呈现高品质体验，但是对用户的实时并发量需提前预估，避免用户排队等情况的发生，或需考虑一定的降级处理方案。

【深入思考】

1. 在技术不断更新的背景下，如何保持文旅元宇宙内容的文化深度和持续吸引力？

2. 文旅元宇宙的商业模式如何平衡商业利益与文化保护，实现项目的长期盈利和可持续发展？